Mon tour de France

Des curiosités naturelles et scientifiques

Jamy Gourmaud

Mon tour de France

Des curiosités naturelles et scientifiques

Stock
Passeurs d'histoires

Dessins de Manuela Gourmaud

Couverture : © Raphaëlle Faguer
Photo de couverture : © Philippe Matsas

ISBN 978-2-234-08626-5

À Manuela, Alex et Oscar

Il faut bien reconnaître qu'en matière d'invraisemblance et de romanesque historique aucune imagination n'arrive à la cheville de ce que la science nous apprend.

Jean d'Ormesson, *Guide des égarés*

Lille
Paris
Strasbourg
Brest
Nantes
Bourges
Lyon
Bordeaux
Pau
Marseille

Île de la Réunion

Préface

Le « gai savoir »

En Belgique, une expression revient régulièrement dans les conversations : « C'est gai. » Contrairement à ce qu'imaginent les voisins français, elle n'est pas destinée à mettre l'accent sur le caractère souriant d'une situation ou d'un propos. C'est plus subtil.

J'ai beau chercher, il n'y a pas d'équivalent dans notre langue. Les locutions « C'est drôle » ou « C'est amusant » ne conviennent pas dans ce cadre-là. Trop fades, trop restrictives. Il y a dans l'expression belge bien plus que du sourire. Il y a de la joie et de la bonne humeur et surtout une forme d'épanouissement. Cela fait beaucoup en trois petits mots.

La formule ne jaillit jamais instantanément. Elle est le fruit d'un processus plus lent. Quand elle surgit, les idées, les images ou les mots qui en sont à l'origine ont fait leur chemin dans les cerveaux. Ils ont zigzagué entre toutes les données qui y sont amassées, ont tracé des liens et des parallèles pour, enfin, trouver leur place et ouvrir de quelques degrés supplémentaires le regard que les participants portent sur le monde. Voilà ce qui est gai.

Je n'ai pas toujours su trouver les mots pour exprimer la sensation que me procure la compréhension des phénomènes naturels, et des grands principes scientifiques qui sont à la manœuvre à ce moment-là. La fréquentation de mes amis belges m'a permis de combler cette lacune : « C'est gai ! »

J'aurais pu y penser plus tôt. Au XVIe siècle, François Rabelais en était déjà convaincu. Mais à l'âge où je découvrais les auteurs de la Renaissance en tournant les pages du Lagarde et Michard, je ne savais pas très bien où l'auteur de *Gargantua* voulait en venir avec son « gai savoir ». Maintenant, je sais exactement à quelle réalité il fait référence : la connaissance qui fait du bien, qui rend heureux. La connaissance qui éclaire et qui apaise. Le savoir qui soulage l'esprit, comme une immense bouffée d'oxygène qui diffuse dans tout l'organisme.

C'est ce « gai savoir » que j'essaie de partager depuis de nombreuses années à travers différents programmes télévisés de vulgarisation scientifique. Avec les journalistes et les réalisateurs qui les fabriquent, nous sommes très attachés à la qualité et à la justesse des contenus. La vulgarisation est un exercice complexe. On ne peut simplifier que ce que l'on connaît bien. Je ne conçois pas non plus que le public ne puisse pas goûter au plaisir que j'ai moi-même éprouvé en préparant une émission. Je sais tout le bonheur qu'il y a à comprendre. Je ne me masque pas. J'avance à découvert, en espérant que mon enthousiasme sera contagieux.

Mon tour de France des curiosités naturelles et scientifiques

Ce livre est un tour de France très personnel. J'ai choisi ces lieux parce qu'ils sont le cadre de phénomènes spectaculaires et proches de nous, comme le lever du jour dans le marais breton-vendéen où je me suis si souvent émerveillé enfant puis adulte.

Certains sites ont été le théâtre de découvertes majeures : Espéraza dans l'Aude, où ont été mis au jour des squelettes entiers de dinosaures. Le puy de Dôme en Auvergne où a été mise en évidence la pression atmosphérique. D'autres nous racontent l'histoire des sols, des terres et des hommes qui les ont habités : le sel du Jura, le fer du Berry, le savon de Marseille ou la betterave de Champagne...

Parfois, ces lieux ont accueilli de grandes « premières ». Grâce à l'antenne du radôme de Pleumeur-Bodou en Bretagne, a eu lieu la première retransmission intercontinentale d'images en direct, tandis qu'à l'observatoire du pic du Midi de Bigorre ont été réalisées, au début du XXe siècle, les photographies de la planète Mars qui ont définitivement clos le débat sur la présence sur son sol d'une civilisation.

Tous ces décors, tous les lieux qui jalonnent cet itinéraire ont favorisé l'éclosion de ma passion pour la culture scientifique et ma fascination pour les merveilles que la science nous fait connaître. Quand les lois de la physique et de la chimie donnent un sens au monde, elles en dévoilent la poésie. Elles sont de puissants révélateurs de beauté.

Dans ce livre, il y a bien sûr de la pédagogie, mais il ne s'agit pas d'une encyclopédie ni d'un abécédaire, égrenant un à un les mots du vocabulaire scientifique.

En passant le texte au tamis vous retrouverez un certain nombre de grands principes expliqués, de celui d'Archimède à la théorie de la gravitation universelle en passant par le mécanisme de la photosynthèse ou la dérive des continents.

Dans ce livre vous trouverez aussi de l'émotion. Émotion liée aux paysages : la mer qui se retire de la baie du Mont-Saint-Michel et qui s'éloigne à plus de dix kilomètres, découvrant un territoire à mi-chemin entre le solide et le liquide. Émotion liée au calendrier des âges avec le charbon des mines du Nord qui nous fait plonger dans le sous-sol des Hauts-de-France et pénétrer dans la nuit des temps, lorsque, il y a plus de 300 millions d'années, notre pays se trouvait sous les tropiques. Émotion, enfin, liée à l'harmonie qui peut parfois exister entre l'homme, la science et la nature.

Pour raconter et décrire avec précision les environnements qui ont façonné mes émotions, j'avais besoin des mots. Eux seuls sont capables de communiquer les bruits, les goûts et les parfums, la chaleur et le froid, la clarté et l'obscurité. Ce sont les vecteurs et les précipités chimiques de mon « gai savoir ».

Aubes vendéennes

Pourquoi le soleil rougit quand il se lève ?

Où observer les plus beaux levers de soleil, à la montagne ou au bord de la mer ? J'ai passé toute mon enfance en Vendée, un département situé sur le littoral atlantique. Même si je n'ai pas grandi sous les embruns mais dans le bocage, je préconise la mer.

Contrairement à ce que l'on pourrait penser, je ne vous donne pas rendez-vous sur la plage, je vous invite à vous enfoncer dans les terres, à l'intérieur du marais, le regard tourné vers le levant.

Le soleil rougit deux fois par jour, quand il se couche mais aussi quand il se lève. Je préfère la version du matin à celle du soir. Je la trouve à la fois plus spectaculaire et plus authentique. Au petit matin, le phénomène est débarrassé de toute charge sentimentale. Le soir, il est le décor convoité des déclarations et des confessions ou le prétexte à la mélancolie. Aux premières minutes du jour l'émotion n'est engendrée que par le jeu des éléments : l'air, l'eau, la terre et le feu...

Il faut se lever tôt. C'est l'heure des pêcheurs. Le marais s'étale sur un territoire qui s'enfonce sur une quinzaine de kilomètres dans les terres. Au nord, il émerge du côté de Bouin et il descend au sud jusqu'à Saint-Gilles-Croix-de-Vie. Il est creusé de centaines de kilomètres de fossés et de canaux. L'hiver, ils drainent l'eau de pluie vers la mer. L'été, grâce à un ingénieux système d'écluses, ils la retiennent. C'est une eau saumâtre qui y circule, de plus en plus douce au fur et à mesure que l'on s'éloigne de la mer. Vu du ciel, le marais ressemble à une immense mosaïque dont les canaux aux eaux turbides font office de joints de ciment.

Le relief est plat et la végétation est discrète. Elle a dû s'adapter à des conditions difficiles, au sol notamment. Ses plantes sont halophiles, du grec « halo » signifiant sel. Ici, en plus, elles doivent faire face aux vents d'ouest dont les rafales soufflent parfois à près de 100 km/h. Les végétaux qui poussent dans ce type de milieu n'atteignent jamais des sommets. À part les saules et quelques peupliers téméraires, seuls les roseaux se dressent au-dessus du sol et comme ils dépassent rarement 1,5 mètre, l'horizon reste dégagé.

Il faut aussi se couvrir. Les premières heures du jour sont fraîches. L'amplitude thermique entre le jour et la nuit peut dépasser 15 °C et puis il y a aussi l'humidité qui baigne l'atmosphère. Il serait regrettable que des frissons provoqués par le froid masquent l'émoi engendré par la beauté du spectacle à venir.

Au loin une lueur vient d'apparaître. Jusqu'à présent, il fallait marcher tête baissée, les yeux rivés au sol pour enjamber sans risque les fossés. Quand on levait les yeux, la terre et le ciel se confondaient. Désormais, la ligne d'horizon se détache dans le lointain. Ce n'est pas encore le jour, mais la lueur est en train de diluer l'obscurité. Du noir on passe au bleu ténébreux.

Maintenant, il faut s'arrêter et observer.

La rotation de la Terre

Le regard va et vient entre le zénith et l'horizon. À chaque aller-retour, des étoiles s'éteignent. Le contraste est de plus en plus saisissant. En fixant l'est, sur un angle de 5° à 10°, la toile de fond passe du bleu profond à une ligne d'un blanc laiteux. On voudrait profiter plus longtemps de chaque étape. C'est impossible. Le mouvement est régulier. La métamorphose des couleurs incontrôlable. La Terre poursuit inexorablement son manège. Elle tourne sur elle-même depuis plus de 4,5 milliards d'années. Elle effectue un tour complet, une révolution, en 24 heures, si bien qu'une partie de sa surface se trouve éclairée tandis que l'autre dort dans l'ombre ; chaque centimètre carré passe successivement du jour à la nuit et inversement. Comme elle n'est pas le centre du monde (Copernic a définitivement placé le Soleil au centre du Système solaire), qu'elle tourne aussi autour du Soleil en un peu plus de 365 jours et qu'elle est légèrement inclinée sur son axe de rotation, la surface éclairée est plus ou moins grande suivant sa position durant sa course autour du Soleil. Ce phénomène est à l'origine de l'enchaînement des saisons. Au mois de juin, par exemple, la Terre est dans une position telle que l'hémisphère Nord est incliné vers le Soleil. La durée d'ensoleillement est plus longue qu'au mois de décembre, lorsque la Terre est passée de l'autre côté du Soleil. C'est alors l'hémisphère Sud qui baigne davantage dans la lumière.

Pendant que vous lisiez ces lignes, la Terre ne s'est pas arrêtée de tourner sur elle-même. Sa vitesse à l'équateur est estimée à 1 700 km/h. Ce n'est pas un hasard si le CNES (le Centre national d'études spatiales) a choisi d'installer sa base de lancement en Guyane, au plus près de l'équateur. Les lanceurs, la fusée Ariane notamment, bénéficient de cette vitesse pour lancer des satellites dans l'espace ; c'est ce qu'on appelle l'effet de fronde.

À l'endroit où vous êtes installé dans le marais breton-vendéen, vous êtes quasiment au niveau du 46e parallèle. Une ligne imaginaire, qui, comme l'équateur, encercle la Terre. Chaque point de cette ligne se déplace à une vitesse d'environ 1 100 km/h. Un peu moins vite qu'à l'équateur. Cette différence est due à la taille du cercle. Comme il est plus grand au niveau de l'équateur, les personnes tranquillement installées dans leur hamac parcourent, dans le même temps, une plus grande distance que celles installées au cœur du marais.

Cette lueur qui a fini par éclairer l'horizon signifie donc que vous allez vers la lumière à la vitesse prodigieuse de 1 100 km/h (c'est presque la vitesse du son). Vous ne vous en rendez pas compte car l'atmosphère se déplace en même temps. Dans quelques minutes le soleil va devenir visible.

Ce n'est plus vraiment la nuit. Les étoiles ont totalement disparu. Seule la lune est encore suspendue au décor. Quelques oiseaux limicoles, habitants des marais et des plages, nichés dans les herbes hautes, ont surgi de ce qu'il reste d'obscurité profonde... Ce n'est pas le jour qui les a faits sortir de leur cachette, c'est la marée.

Quand la mer se retire, le garde-manger se découvre. Mais ce n'est pas le moment de se laisser distraire par l'envol d'un vanneau ou d'une bécasse… Il faut rester concentré. Le spectacle commence.

Un voile rose est monté sur l'horizon. Au centre, le rayonnement est plus intense. La couleur s'y concentre. De fines bandes nuageuses se détachent de la toile de fond. On dirait un archipel égaré dans l'océan.

Au fil des minutes, la puissance de la lumière ne cesse d'augmenter, jusqu'à l'éclat. La tache se répand sur l'horizon comme une goutte d'encre sur un papier buvard, comme si la lumière imprégnait le ciel par capillarité. Et puis, soudain, une boule de feu s'extrait de l'horizon. Les bandes nuageuses qui étaient apparues un peu plus tôt permettent de suivre plus facilement sa progression. La voûte céleste ressemble à un immense nuancier. À l'ouest, demeure un reliquat d'obscurité, accentué par le cordon dunaire et sa forêt de pins maritimes, tandis qu'au levant le ciel vire au rouge, de plus en plus profond.

Combien de temps le phénomène dure-t-il ? Il est très court. Déjà l'œil fait des efforts, comme s'il peinait à faire le point, redoutant de passer à côté d'une nuance de couleur… Rien n'y fait. La Terre tourne et notre position par rapport au Soleil ne permet plus à la palette de s'enrichir de nouvelles teintes.

Quelle est la couleur du Soleil ?

Le Soleil se trouve à environ 150 millions de kilomètres de la Terre. Il émet de la lumière blanche. Celles et ceux qui ont eu le courage et la chance de séjourner dans l'espace à bord de stations orbitales l'ont confirmé.

Vu du plancher des vaches, cela ne saute pourtant pas aux yeux. En pleine journée, le Soleil tire sur le jaune. Quand il se lève ou qu'il se couche c'est encore différent, puisqu'il est rouge.

En fait la lumière blanche est composée d'une multitude de couleurs. Pour s'en convaincre, il suffit de refaire l'expérience d'Isaac Newton. En faisant passer la lumière du jour à travers un prisme, elle ressort décomposée en une multitude de couleurs, celles de l'arc-en-ciel, que le savant anglais a arbitrairement fixées au nombre de sept. Pas une de plus, pas une de moins. Pourquoi s'est-il arrêté sur ce chiffre ? Faites vous-même l'expérience la prochaine fois que se forme un arc-en-ciel au-dessus de votre tête. Énumérez les couleurs. Il n'est pas sûr que vous parveniez au même résultat. Il y a de multiples nuances. Pour comprendre ce chiffre il faut se remettre dans le contexte de l'époque, la fin du XVIIe siècle, et mesurer le poids de la religion, y compris sur les épaules des scientifiques. Même si Newton se pose des questions sur le monde qui l'entoure, il ne remet pas en cause l'origine divine de l'univers. Le chiffre 7 est symbolique. La Bible l'utilise à plusieurs reprises. Les sept jours de la semaine, le septième ciel, les sept péchés capitaux. Isaac Newton n'était pas que physicien, mathématicien, botaniste, il était aussi théologien. Son attachement à la religion le poussa peut-être à ne pas retranscrire exactement ce qu'il observait. Qu'on lui pardonne cette imprécision, elle a facilité la tâche de tous les enfants qui peignent un arc-en-ciel.

En réalité, la lumière émise par le Soleil est composée d'autant de couleurs qu'il existe de nuances, c'est-à-dire une multitude. Et je ne parle que de la lumière visible. Le Soleil émet aussi un rayonnement invisible, dont font partie les rayons infrarouges, du côté des ondes les plus longues, et les ultraviolets du côté des ondes les plus courtes.

Le jour se lève

La lumière se déplaçant à 300 000 km/s, elle met un peu plus de 8 minutes pour parcourir les 149,6 millions de kilomètres qui nous séparent du Soleil. Durant leur trajet dans le vide, les photons, que l'on peut décrire comme des grains de lumière (la lumière se présente tantôt sous forme de grains, tantôt sous forme d'ondes), ne rencontrent aucun obstacle. Ils voyagent en ligne droite jusqu'à la Terre. À environ 100 kilomètres du sol, quand ils entrent dans l'atmosphère, les conditions de circulation se compliquent. La voie n'est plus aussi libre qu'avant. L'atmosphère est faite de matière. Le parachutiste qui franchit la porte de l'avion ne se jette pas dans le vide, mais dans l'air. Il sent d'ailleurs très vite la matière, qui fait pression sur son corps et ralentit sa chute. De la même manière, les vaisseaux qui ramènent les occupants de la Station spatiale internationale doivent pénétrer dans l'atmosphère en suivant un angle précis au risque de rebondir et de repartir dans l'espace *ad vitam aeternam*.

Quand les photons y pénètrent, une partie d'entre eux percute les molécules qui composent l'atmosphère, des molécules de diazote et de dioxygène principalement. Les ondes correspondant à la lumière bleue sont les plus affectées par le phénomène. Leur trajectoire est modifiée, les rayons partent alors dans tous les sens. On dit que la lumière est diffusée. En pleine journée, les photons correspondant à la couleur bleue sont si nombreux à être déviés que le ciel apparaît bleu. Le Soleil quant à lui, privé à nos yeux d'une partie de son bleu, apparaît jaune. Au petit matin, lorsque vous vous trouvez dans le marais breton-vendéen et que le Soleil apparaît sur l'horizon, le phénomène est identique mais la situation est légèrement différente. Le marais breton-vendéen entre progressivement dans la lumière. Les photons ont alors une grande distance à parcourir dans l'atmosphère. Plus grande qu'à midi lorsque le Soleil est au zénith.

Au petit matin, les obstacles sont donc beaucoup plus nombreux. Le bleu, le vert et le jaune sont diffusés. Seule la composante rouge du Soleil est visible. La Terre ne s'arrêtant pas de tourner sur elle-même, le phénomène ne dure que quelques minutes. Au fur et à mesure, le Soleil prend de la hauteur, la distance que la lumière doit parcourir dans l'atmosphère diminue. Déjà le rouge se dissipe. Le bleu reprend ses droits sur la voûte céleste. Les yeux se détournent de l'astre devenu trop éblouissant. Et tandis qu'il entame son ascension sur l'azur, il déroule une nappe de lumière sur le sol.

Je recommande de vivre cette expérience à la fin de l'été. Fin août ou début septembre. C'est plus confortable. Les jours sont moins longs, le sommeil sera moins amputé.

Sur le chemin du retour, dos au Soleil, les paupières un peu lourdes, les épaules et la nuque raidies par la station debout, la tête un peu ailleurs, l'odorat nous ramène à la réalité. Sous l'effet du rayonnement qui réchauffe les prairies, l'humidité qui s'est déposée sur les végétaux durant la nuit s'évapore. Elle embarque avec elle des molécules parfumées, jusque-là bloquées au ras du sol. Un cocktail où se mêlent des senteurs d'herbes séchées, de feuillages en cours de dégradation, de vase détrempée par le clapot des étiers.

En ce début de matinée tous les sens sont sollicités. Au-dessus du marais, jaunis par les mois d'été, les masses d'air réchauffées par le rayonnement solaire s'élèvent. L'air marin plus frais et plus dense s'engouffre dans la place. Ce mouvement engendre une petite brise qui caresse les visages.

Sur les branches des peupliers qui longent les canaux principaux, les feuilles s'agitent. Le marais se met à parler. Quel heureux hasard qu'il emprunte la voix des peupliers ! Le nom scientifique de cet arbre, «*populus*», est l'homonyme d'un autre mot latin, qui signifie peuple. Il fut planté par milliers pendant la Révolution française symbolisant l'arbre de la Liberté. Il n'en reste aucun de cette époque. C'est un arbre qui ne vit pas vieux, fragile comme la liberté qu'il symbolise. Le bruit de son feuillage évoque le bruit de la foule, le chant du peuple. En Vendée, au plus près du ciel, ces cimes élancées chantent un hymne au soleil levant…

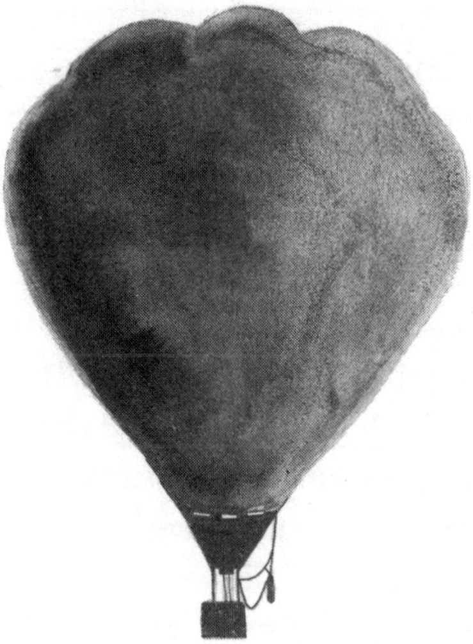

Une histoire de ballons

Pourquoi la conquête des airs a commencé en Ardèche ?

Nous sommes chaque année des milliards[1] à voyager dans les airs. Se déplacer en avion est devenu aussi banal que s'asseoir au volant d'une voiture. Et pourtant, lorsque le hasard m'attribue une place à côté d'un hublot, je ne peux me dérober au spectacle qui commence dès l'instant où les roues de l'appareil quittent le sol.

Très vite, le relief disparaît, il est écrasé, gommé par l'absence de perspective. La ville ressemble à une sorte de labyrinthe, la campagne et ses champs à une nappe à carreaux, dont on n'aurait jamais cru les contours

1. 3,5 milliards, en 2015. Selon la Banque mondiale de données, nous serons presque deux fois plus à voler en 2030.

aussi réguliers. À cet instant, je ne peux m'empêcher de songer aux premiers passagers des airs : Jean-François Pilâtre de Rozier et le marquis d'Arlandes, les premiers êtres humains à s'être élevés dans l'atmosphère et laissé emporter par les courants, les premiers à contempler ce spectacle depuis les airs, à voir le monde d'en haut.

Le 21 novembre 1783, lorsqu'ils se glissent à bord de l'aérostat conçu par les frères Montgolfier, Jean-François Pilâtre de Rozier et le marquis d'Arlandes sont moins préoccupés par ce qu'ils vont voir que par les conditions météorologiques et le comportement de la machine.

L'espace est étroit, mais ils ont pu y stocker suffisamment de bottes de paille pour alimenter le feu pendant plusieurs dizaines de minutes. Dans le foyer les flammes dansent, l'air chaud monte, la pression augmente sur la toile et sur les aérostiers. Les cordages qui maintiennent la machine au sol sont tendus à l'extrême, comme les visages des spectateurs venus assister à l'événement. Un mélange d'enthousiasme et de peur s'y lit à mesure que les minutes s'écoulent.

Depuis leur poste, les deux aérostiers n'ont qu'une vue partielle de la machine. Seul le public installé dans les jardins du château de la Muette, à deux pas du bois de Boulogne, a assez de recul pour embrasser d'un regard la totalité de l'engin, qui ne s'appelle pas encore une montgolfière. Ses dimensions sont considérables : 24 mètres de hauteur, 12 mètres de diamètre.

La machine craque. Du plat de la main, les deux hommes éprouvent la tension de la toile comme on caresserait le cuir d'une bête de course. Le départ est imminent. Ils avalent une dernière fois leur salive mêlée d'un goût de fumée.

À 13 h 54, le *Martial*, c'est le nom qu'Étienne et Joseph Montgolfier ont donné à leur ballon, s'élève dans le ciel de Paris. Un mouvement régulier, puissant. Seul Étienne a eu le privilège d'y assister. L'aîné, Joseph, est resté s'occuper de la papeterie familiale à Annonay, un joli bourg coincé dans les collines du Vivarais, entre Lyon et Saint-Étienne. À cet instant précis, l'un et l'autre doivent se dire que, enfin, ils sont parvenus au bout de leur rêve.

Un ballon d'essai en Ardèche

Un an plus tôt, Étienne a fait le déplacement à Paris pour construire ce que l'on appelle encore, en novembre 1782, un « globe aérostatique » ou une « machine à air chaud ».

Étienne, plus rigoureux que son frère aîné, plus raffiné aussi, a un meilleur contact auprès de l'aristocratie et de la cour qu'il faut convaincre de soutenir le projet.

C'est un rêve qui les précède. Il a germé dans la tête des premiers hommes, quand ils ont observé le vol des oiseaux. Depuis la Grèce antique, leur modèle traîne dans la tête de tous les inventeurs bien décidés à faire du vol un attribut humain.

Nous sommes en 1782, Joseph et Étienne planchent depuis longtemps sur le sujet. Ils savent que l'air est 800 fois moins dense que l'eau et que, pour faire voyager un homme dans l'atmosphère, il faut concevoir un appareil plus léger que l'air. Pour le moment les deux Ardéchois butent sur cette question. Ils cherchent. Eux aussi ont passé des heures à observer et analyser le vol des oiseaux.

Ils ne sont pas les seuls à s'être lancés dans cette aventure. La même année, au mois de mai, Jean-Pierre François Blanchard organise à Paris une démonstration publique. Il a mis au point un vaisseau ayant la forme d'un oiseau muni de six ailes et d'un gouvernail. Les ailes battent, mais la machine reste clouée au sol. L'inventeur malheureux réalisera d'autres exploits et finira malgré tout par laisser son nom dans l'histoire de la navigation aérienne[1]. Son échec n'est pas vain : il indique que la voie du mimétisme animal n'est pas la bonne. Les frères Montgolfier ne renoncent pas. Loin de baisser les bras, ils lèvent le nez au ciel : ils observent l'ascension des vapeurs dans l'atmosphère. Passé une certaine altitude, elles se rassemblent et forment des nuages. Ils comprennent alors que ces nuages représentent une masse énorme qui néanmoins reste en suspens et se déplace au gré des vents. Il y a sûrement là une piste à suivre.

Une découverte, réalisée en 1766 par Henry Cavendish, leur donne bon espoir. Le physicien et chimiste anglais a réussi à produire de l'hydrogène[2]. Ce gaz est 14 fois plus léger que l'air. À Vidalon-lès-Annonay, dans la propriété familiale, les frères Montgolfier calculent. Le résultat est plus qu'encourageant : 1 m^3 de ce gaz permettrait de soulever une masse

1. Jean-Pierre François Blanchard effectue la première traversée de la Manche en ballon le 7 janvier 1785. Il utilise un ballon gonflé à l'hydrogène. Il décolle de Douvres en Angleterre et atterrit, non sans peur, à Guînes sur la côte française après un vol de 2 heures et 25 minutes. Lui et son passager, le Dr John Jeffries, ont dû se dévêtir et jeter en partie leurs effets pour délester et éviter de sombrer dans la Manche. Jean-Pierre François Blanchard est aussi le premier être humain à avoir observé deux couchers de soleil durant la même journée. Le premier depuis le sol, le second après s'être élevé dans les airs.

2. C'est le chimiste français Antoine de Lavoisier qui donne à ce gaz le nom d'hydrogène. Le savant constate en 1783 que ce gaz réagit avec l'oxygène pour produire de l'eau (H_2O). Pour désigner le gaz, il puise dans la langue grecque. Il y trouve les racines qui donnent tout son sens au phénomène observé. *Hydro-* (du grec « *hudrô* » signifiant eau) et *-gène*. Hydrogène signifiant « qui produit de l'eau ».

de 1 000 grammes. Joseph et Étienne cherchent une méthode pour produire le précieux air inflammable. Ils jettent du vitriol sur de la ferraille. La réaction a bien lieu mais l'expérience est laborieuse. Ils n'obtiennent qu'une petite quantité de gaz et, surtout, ils ignorent la manière de le piéger. Il faut renoncer. Mais, dans la tête de Joseph, ces calculs, ces expériences, sa connaissance de certains matériaux tels que la soie et surtout le papier font leur œuvre.

Le génie de Joseph et le savoir-faire d'Étienne

Les historiens se sont interrogés sur l'identité de l'inventeur du ballon à air chaud : Joseph ou Étienne ? D'après les documents que la famille Montgolfier leur a fournis, l'idée première revient à l'aîné.

En novembre 1782, Joseph est à Avignon. Il est en affaires avec un papetier chez qui il loge, au 18 de la rue Saint-Étienne. La maison a depuis été rebaptisée « la maison aux ballons ». Elle se reconnaît à ses appuis de fenêtre où a été forgée la forme d'un ballon. En novembre, dans la Cité des papes, les nuits sont froides. Dans la pièce où Joseph s'est installé, brûle un grand feu de bois. Joseph regarde les bûches se consumer dans l'âtre et la fumée monter vers le conduit. Il est plongé dans ses réflexions.

À partir de là, deux versions diffèrent légèrement. Selon les uns, la maison était si froide que Joseph aurait voulu réchauffer sa chemise, avant de s'y glisser pour passer la nuit. L'approchant du foyer, l'air chaud s'y serait engouffré et la chemise qu'il maintenait par les manches se serait élevée, préfigurant le pouvoir de l'air chaud sur un ballon. Pour les autres, l'idée lui serait venue alors qu'il observait une gravure illustrant le siège de Gibraltar que le roi de France et son homologue espagnol cherchaient à reprendre aux Anglais. Les opérations traînaient en longueur. Elles avaient démarré en 1779, les assaillants butaient contre la défense anglaise. Les yeux de Joseph allaient de l'illustration à la cheminée et vice versa. Si les troupes françaises et espagnoles échouaient tant par la mer que par voie terrestre, songea Joseph, c'est par les airs qu'il fallait reprendre le territoire. Et, pendant que son regard allait et venait, le cerveau échafaudait la solution. Comme si l'émergence de la fonction accélérait le processus créatif.

La suite n'est pas remise en question. Pour confirmer son intuition, Joseph n'attend pas le lever du jour. Il fait monter dans sa chambre des chutes de taffetas. Il bâtit un châssis à l'aide de baguettes en bois très léger. Puis, il pose la toile. L'ensemble forme une sorte de parallélépipède. Il canalise enfin l'air chaud de la cheminée vers l'intérieur de la structure. Au bout de quelques minutes, le parallélépipède s'élève et vient se coller au plafond. On imagine le sourire de satisfaction sur le visage de Joseph Montgolfier. Dans la foulée, il écrit à Étienne : « Prépare promptement des provisions de taffetas et tu verras l'une des choses les plus étonnantes du monde. »

À Annonay, les deux frères se mettent aussitôt au travail. Sur les terres familiales, ils mettent à profit leur expérience de papetiers. Pour emprisonner l'air chaud, le taffetas est doublé d'une feuille de papier. Les faisceaux de l'enveloppe sont ensuite cousus sur la ficelle puis réunis grâce à des boutonnières. Le 14 décembre 1782, quelques semaines après l'expérience d'Avignon, c'est un ballon de 11 mètres de diamètre qui s'élève dans le ciel du Vivarais. Le froid de l'hiver a rendu les essais encore plus démonstratifs. La différence de température entre l'extérieur de l'enveloppe et l'intérieur gonflé d'air chaud favorise l'élévation.

En décembre, les jours sont courts. Pour les deux frères ce n'est pas un handicap, au contraire. Ils profitent de l'obscurité pour réaliser leurs essais en toute discrétion, protégeant ainsi leur découverte d'une éventuelle contrefaçon. Mais ces activités nocturnes interpellent le voisinage. À Vidalon-lès-Annonay et dans la région, l'intérêt que les deux frères portent aux sciences est connu et reconnu mais certains peinent à tracer la frontière entre pratiques ésotériques et expériences scientifiques, surtout quand elles se déroulent de nuit et dans le secret. Un parfum de sorcellerie commence à « flotter » au-dessus des frères. D'autres sont partis en fumée pour moins que cela. Aussi, leur père, qui a bien saisi que ses fils sont davantage préoccupés par l'élévation des corps que celle des âmes, les conjure-t-il de rendre publique leur découverte.

Le premier ballon : atmosphère tendue

Et puisqu'il faut dévoiler le secret, autant créer un événement dont l'écho sera retentissant. Une démonstration officielle est organisée le 4 juin 1783. La date n'est pas choisie au hasard. Ce jour-là sont réunis à Annonay les états particuliers du Vivarais, assemblée provinciale sous l'Ancien Régime et dont les députés pouvaient être de précieux soutiens pour la poursuite du projet.

Pour l'occasion, Joseph et Étienne ont installé leur matériel dans la cour du couvent des Cordeliers. Deux mâts y ont été dressés entre lesquels est suspendue une espèce de grand sac d'une dizaine de mètres de haut, complètement fripé et avachi. À la base, on devine une ouverture et, en dessous, des bottes de paille et des fagots de sarments. Le décor ressemble davantage aux préparatifs d'un bûcher qu'à celui d'un exploit.

Le feu est mis mais l'air chaud peine à se glisser dans la toile et à produire ses effets. L'expérience ne bénéficie plus de l'amplitude thermique rencontrée quelques mois plus tôt au cours de l'hiver. Les frères Montgolfier restent confiants. Ce n'est qu'une question de minutes. Soudain, l'enveloppe commence à prendre vie. Les plis disparaissent un à un. La toile se tend et prend une forme sphérique. Joseph et Étienne sont sous la bouche et alimentent le foyer. L'enveloppe n'a plus besoin d'étais pour se tenir debout. Au contraire, on croirait un mastodonte entravé qu'une poignée d'hommes tentent d'immobiliser en tirant sur des cordes. Encore quelques fourches de paille et les frères Montgolfier donnent l'ordre de lâcher. Le ballon s'élève droit et rapidement dans les airs à une altitude estimée à 1 000 mètres.

Quelques jours plus tard, dans les colonnes du *Mercure de France*, un correspondant ayant assisté à l'expérience confie sa stupéfaction : « La machine, de la taille d'une maison, est montée si haut qu'elle ne paraissait plus que comme un tambour. » Il poursuit en expliquant que la machine a été vue à trois lieues à la ronde, soit environ douze kilomètres. Il précise encore que les paysans ayant assisté à l'événement ont été saisis de frayeur, pensant qu'il s'agissait de la lune qui se détachait du firmament : « Ils regardaient le phénomène comme un prélude au Jugement dernier. »

Dans son procès verbal, qu'elle adresse à l'Académie des sciences de Lyon, l'assemblée des états particuliers du Vivarais constate le succès de l'expérience, attribuant aux frères Montgolfier la réalisation du premier « globe aérostatique». Ce vol a duré une petite dizaine de minutes et le ballon a parcouru environ trois kilomètres avant de se poser en douceur, dans les vignes, sans occasionner le moindre dégât.

Journaux, témoins… la nouvelle est à Versailles en quelques semaines. Louis XVI, si gourmand de mécanique, s'enthousiasme pour cette nouvelle machine. Les frères Montgolfier sont invités à présenter leur invention devant le roi et la famille royale. C'est la consécration.

Le ballon à air chaud ou à hydrogène, il y a de la concurrence dans l'air

À Paris, la nouvelle ne réjouit pas tout le monde. Le physicien Jacques Charles vient d'être coiffé sur le poteau. On se croirait, avec deux siècles d'avance, en pleine course à la Lune. Pour s'arracher du sol, Charles mise sur l'hydrogène. Contrairement aux frères Montgolfier, il sait retenir «l'air inflammable». Il collabore avec les frères Robert, deux chimistes qui ont mis au point un procédé pour dissoudre la gomme. Une fois la toile enduite, elle devient parfaitement étanche.

Au début de l'été, une souscription est lancée. En quelques semaines, les organisateurs réunissent suffisamment de fonds pour fabriquer le premier ballon à hydrogène, l'ancêtre du dirigeable. Il doit décoller depuis le Champ-de-Mars. Le 24 août 1783, Charles et les frères Robert commencent à gonfler l'enveloppe. Il faut plus de deux jours pour la remplir. Pour produire l'hydrogène, ils utilisent un tonneau étanche au fond duquel ils ont déposé de la ferraille. Un tuyau permet d'introduire l'acide sulfurique, un autre l'eau tandis que le troisième canalise le gaz vers le ballon. C'est un travail fastidieux. La réaction est lente et elle produit de la chaleur. Il faut sans cesse refroidir la toile en l'arrosant. Heureusement, elle ne craint pas l'eau.

À l'extérieur, le public informé par le bouche à oreille s'est amassé place des Victoires devant le domicile de Charles. Il y a tellement de monde qu'il faut faire intervenir la garde pour contenir les curieux. Le 27 au matin, le ballon est rempli aux deux tiers. Il est visible au-dessus des toits. Par précaution, on préfère cependant attendre la nuit pour le transporter sur le lieu de l'envol. Deux heures après minuit, le globe un peu écrasé sur lui-même est posé sur un brancard. Puis, escorté par les gardes, il est conduit dans les rues de Paris, précédé par un cortège de flambeaux. Porté telle une relique, il avance dans un silence quasi religieux. Sur le chemin, les cochers stoppent leur attelage et se rangent sur le côté ; ils mettent pied à terre et, tête baissée, laissent passer l'étrange cortège.

La colonne pénètre enfin sur le Champ-de-Mars. Aussitôt, on recommence à produire l'hydrogène. À midi, l'enveloppe est tendue comme une outre pleine. À 15 heures, la cour de l'École militaire et le Champ-de-Mars ne sont plus en mesure d'accueillir de spectateurs supplémentaires. Les bords de la Seine ont été pris d'assaut. Les fiacres y stationnent par dizaines. Le peuple parisien et l'aristocratie sont réunis dans la même ferveur, partageant la même impatience et le même enthousiasme de voir cette machine s'élever dans les airs.

Nous avons du mal aujourd'hui à mesurer l'engouement de la population qui assistait à l'événement. Pour comprendre, il faut avoir conscience que, à cette date, nul, à l'exception de quelques centaines d'habitants du Vivarais, n'a vu s'élever dans le ciel un autre corps que celui d'un oiseau. Quotidiennement, des norias d'avions passent au-dessus de nos têtes, des fusées décollent quasiment chaque semaine, mais, à l'époque, l'idée d'une machine volante est inconcevable pour le commun des mortels.

À 17 heures, le canon tonne. Les liens qui maintenaient le ballon sont rompus. Tous les regards sont braqués vers le ciel, et l'orage qui éclate en ce jour d'août n'entame pas l'attention que le public porte au spectacle. Des observateurs ont été postés sur les points hauts de la capitale. Après un vol de 45 minutes, le ballon se pose à Gonesse, à 16 kilomètres de son point de départ. Comme à Annonay, la population y voit les prémices de l'Apocalypse. On fait venir le curé ; le ballon est attaché aux chevaux et traîné dans la boue sur des kilomètres jusqu'à ce qu'il n'en reste plus que des lambeaux.

Nul ne sait si Étienne Montgolfier assiste à l'envol du ballon de Charles. Il est arrivé à Paris quelques jours plus tôt. Une autre échéance le préoccupe. C'est devant un spectateur hors du commun qu'il doit mener sa démonstration. Les yeux du roi, en 1783, valent encore davantage que les regards des milliers de Parisiens qui ont suivi au Champ-de-Mars l'ascension du premier ballon à hydrogène. La date de l'envol est fixée au 19 septembre.

Entre-temps, Étienne a fait la rencontre de Jean-François Pilâtre de Rozier. L'homme est intendant des cabinets de physique, de chimie et d'histoire naturelle du comte de Provence, le frère du roi de France. Passionné par le vol, doté d'une solide constitution, téméraire, pugnace, il offre ses services à Étienne, pour assurer le service de gonflement.

Le 12 septembre, la machine est prête. C'est un monstre : 24 mètres de hauteur, 13 mètres de diamètre. Dans le jardin de la Manufacture royale, rue de

Montreuil, on procède à des essais. La machine s'élève. Malheureusement, l'orage éclate. La toile, recouverte de papier, est beaucoup moins résistante que celle du ballon de Charles. On a beau faire redescendre en toute hâte la machine à air chaud, tout est à recommencer. Étienne ne baisse pas les bras, pas si proche du but. Alors qu'il avait fallu plusieurs semaines pour construire la première enveloppe, il ne faut que quatre jours pour assembler la seconde.

Le 19 au matin, le matériel est installé dans la cour du château de Versailles. Le dispositif est constitué d'une estrade octogonale avec en son centre un trou de cinq mètres de diamètre. Au fond, on a installé un réchaud et stocké de quoi l'alimenter. La toile est maintenue au-dessus. La base en forme de conduit fait office de cheminée pour canaliser l'air chaud dans l'enveloppe.

Le roi, la reine et leurs enfants inspectent l'installation. Ils se glissent sous l'estrade. Le dispositif comprend un élément nouveau. Une cage en osier dans laquelle sont retenus un coq, un canard et un mouton. Elle sera suspendue au moment de l'envol. Pourquoi le choix de cette ménagerie ? Pour le canard et le coq, c'est logique, ce sont des volatiles. L'ascension ne devrait pas avoir de conséquences sur leur métabolisme. Le mouton en revanche est un mammifère. Aucun spécimen du genre ne s'est aventuré dans les régions élevées de l'atmosphère. On ignore si l'organisme est capable de supporter ces conditions. D'évidence, Étienne et Pilâtre de Rozier songent déjà à la suite.

Comme pour l'expérience du Champ-de-Mars, la foule est au rendez-vous. Les cours, les fenêtres et les toits du château sont pris d'assaut par les spectateurs.

Il ne faut que dix minutes pour gonfler l'enveloppe. La technique est désormais bien rodée. Le moment venu, Étienne fait libérer la machine. Le globe et ses passagers s'élèvent alors dans le ciel de Versailles en dessinant un joli mouvement vertical. L'ascension ne dure que quelques minutes avant que la machine entame sa descente. Elle se pose dans la forêt de Vaucresson. Des témoins accourent. Même s'ils ont été un peu secoués par l'atterrissage, les passagers sont sains et saufs. Ils n'ont pas été affectés par leur voyage dans les airs. Étienne peut être fier. Il a réussi sa démonstration devant le roi. Mais plus encore : il vient de faire sauter le dernier verrou qui fermait l'accès des airs aux hommes. On ne sait pas ce que sont devenus le coq et le canard. Le mouton, en revanche, valeureux passager, finira ses jours dans la bergerie du hameau de la Reine.

Les premiers hommes dans les airs

Étienne ne se laisse pas griser par le succès. Aussitôt, il se remet au travail. Il imagine un ballon encore plus perfectionné qui, cette fois, emmènera des hommes. Sous la sphère, il a fixé un fourneau destiné à la combustion de la paille et, tout autour, une galerie pour accueillir les passagers. Elle est en osier, un bois léger qui supporte les chocs au moment du contact avec le sol et avec lequel, aujourd'hui encore, est fabriquée la nacelle des montgolfières.

Mais qui va prendre place à bord de ce premier vol humain ? Le roi propose deux condamnés à mort, afin de ne pas mettre en danger la vie d'honnêtes hommes. Jean-François Pilâtre de Rozier s'y oppose : hors de question que la gloire du premier vol humain revienne à des criminels. Il se porte lui-même candidat. Étienne ne peut pas l'accompagner. Il s'est engagé auprès de son père à ne jamais monter à bord de l'aérostat. Le marquis d'Arlandes sera donc le second passager.

Le 21 novembre 1783, à 13 h 54, devant trois cents personnes, le globe aérostatique s'élève au-dessus des jardins du château de la Muette. C'est un beau ballon, aussi volumineux que le précédent. La couleur bleue du papier qui recouvre la toile se confond avec l'azur. La partie supérieure est ornée de fleurs de lis et des douze signes du zodiaque. À l'équateur, les chiffres du roi sont intercalés avec des soleils. La galerie est entourée de guirlandes. Toutes ces décorations sont de couleur or, donnant encore plus de prestige à l'aéronef.

Les succès précédents auraient pu dissiper les craintes, il n'en est rien. Cette fois, il y a deux hommes à bord et l'angoisse se lit sur les visages des spectateurs. Elle est à son comble au moment où les liens sont rompus. Les deux passagers quant à eux ne laissent rien transparaître. Dans le récit qu'il fait de ce premier vol, le marquis d'Arlandes semble même davantage préoccupé par l'inquiétude du public que par son propre sort : « J'étais surpris du silence…, se souvient-il. Je crus qu'étonnés et effrayés de ce nouveau spectacle, ils avaient besoin d'être rassurés [1]. »

Le ballon prend de l'altitude. Déjà la Muette disparaît. De leur promontoire, les passagers aperçoivent Passy, Saint-Germain, Saint-Denis. Les méandres de la Seine, que personne n'a jamais pu observer autrement que sur le tracé d'une carte, se dessinent réellement sous leurs yeux. Malgré le spectacle, toute leur attention est rivée sur la conduite de la machine.

1. « Lettre de M. le marquis d'Arlandes à M. Faujas de Saint-Fond », Paris, 28 novembre 1783, in A. Sircos et Th. Pallier, *Histoire des ballons et des ascensions célèbres*, Paris, F. Roy, 1876.

Au-dessus de Chaillot, ils perdent de l'altitude. Il faut alimenter le feu. D'Arlandes pique dans une botte et disperse de la paille sur le foyer. Il commente : « L'instant d'après je me sentis comme soulevé par-dessous les aisselles, et je dis à mon cher compagnon, Pour cette fois nous montons [1]. » Le ballon suit maintenant le cours de la Seine et il a du mal à s'en dégager. Une secousse un peu trop vive les alerte : « Que faites-vous, est-ce que vous dansez [2] ? » lance Pilâtre de Rozier. La machine a changé de direction. D'Arlandes ose jeter un coup d'œil. Ils se trouvent maintenant entre l'École militaire et les Invalides. Le fleuve est franchi. Les deux hommes alimentent le foyer. En prenant de l'altitude, ils vont prolonger leur course vers le sud. Un bruit sourd interrompt leur effort. Ils lèvent les yeux. Des cordages ont-ils cédé ? D'Arlandes découvre, à hauteur d'homme, plusieurs trous dans la soie provoqués par la chaleur. « Il faut descendre [3]. » Pilâtre de Rozier refuse. D'Arlandes saisit une éponge qui trempe dans un seau et tamponne la toile. Les flammes n'iront pas plus loin. Le ballon poursuit sa route. Ils se dirigent vers Saint-Sulpice, passent le Luxembourg, frôlent quelques toits. À l'approche de la Butte-aux-Cailles, ils jettent encore quelques brassées de paille sur le foyer. La machine est à bout de souffle, elle se rapproche du relief. Cette fois, il faut se préparer à l'atterrissage. Dodelinant, le ballon se glisse entre le moulin Vieux et le moulin des Merveilles et s'écroule, tel un pachyderme à bout de force. Les deux cornacs s'extirpent de la galerie. Ils sont restés plus de vingt minutes dans les airs.

---

1. « Lettre de M. le marquis d'Arlandes », art. cit.
2. *Ibid.*
3. *Ibid*

Archimède sur un petit nuage

L'ascension d'une montgolfière ne fait aujourd'hui plus de mystère. Elle illustre à merveille un phénomène compris trois siècles avant Jésus-Christ. Un ballon monte et flotte dans l'air comme un bateau flotte sur l'eau, suivant le fameux principe d'Archimède ! « Tout corps plongé dans un fluide, subit une force verticale dirigée de bas en haut, égale au poids du volume de fluide déplacé. » Une antique ritournelle qui permet, lorsqu'on s'arrête sur les mots, de comprendre le phénomène avec bonheur.

Pour l'appliquer au ballon, il faut au préalable faire la différence entre l'air chaud et l'air froid. À volume égal, le premier est plus léger que le second. Vous pouvez faire l'expérience avec une balance de Roberval et deux ballons de baudruche. Elle penchera du côté du ballon rempli d'air froid. À volume égal, il est plus dense. Cependant, cela ne suffit pas à expliquer pourquoi un ballon s'élève. Revenons à la montgolfière : remplie d'air chaud, elle prend la place d'un volume identique d'air froid. Si l'air chaud, l'enveloppe et la nacelle sont plus légers que le volume d'air froid qui est maintenant occupé par l'air chaud, les conditions sont réunies pour que le ballon s'élève. L'air froid fait pression sur l'extérieur de l'enveloppe. Cette colonne d'air froid qui descend vers le sol étant plus haute à la base qu'au sommet du ballon, la pression est plus importante en bas qu'en haut. Le ballon est alors comme poussé vers le haut. Durant le vol, l'air contenu dans l'enveloppe se refroidit et perd du volume. Le ballon descend. Pour que l'air se détende à nouveau, l'aérostier actionne le brûleur.

Le 21 novembre 1783, il y a, parmi les spectateurs, un savant venu d'outre-Atlantique. À la fois physicien, philosophe et homme politique, il a participé à la rédaction de la déclaration d'indépendance des États-Unis. Benjamin Franklin assiste à l'envol des deux premiers aéronautes. Dans un courrier adressé à l'un de ses amis anglais, il commente : « Il y a quelques mois seulement, on aurait trouvé aussi ridicule l'idée de voir des sorcières s'élevant dans l'atmosphère sur un balai que des savants monter dans l'air accrochés à un sac de fumée... Cette expérience qui vient d'être faite n'est pas insignifiante. Elle peut avoir des conséquences dont nul ne saurait prévoir l'importance[1]. »

Aujourd'hui, à bord de l'ISS, la Station spatiale internationale, les spationautes voient le jour se lever 16 fois toutes les 24 heures. J'imagine que, de temps à autre, quand ils se penchent vers le hublot, et que la station survole le territoire français, ils jettent un œil du côté de l'Ardèche, vers Annonay.

---

1. Gaston Tissandier, *Histoire des ballons et des aéronautes célèbres*, H. Launette, 1887.

La racine du sucre

Pourquoi la betterave aime la terre de Champagne ?

Bazancourt dans la Marne : si les enfants savaient, ils en feraient la capitale de leur royaume.

À une poignée de kilomètres au sud de la commune, sur la route de Pomacle, se dresse la plus grande raffinerie de sucre d'Europe. Elle fait partie du paysage depuis les années 1950. Ce n'est pas un chef-d'œuvre d'architecture, mais, au début de l'hiver, quand le soleil vient de se lever, que le temps est clair et qu'une petite brume flotte sur la campagne, sa silhouette à contre-jour se découpe avec harmonie sur l'horizon. Régularité du trait, plus ou moins épais. Équilibre des formes et des volumes au milieu desquels jaillit la lumière : le bâtiment ressemble à un immense kirigami, cet art japonais qui consiste à découper dans une feuille de papier les formes les plus complexes. À l'inverse, quand le soleil se couche, qu'il est bas sur l'horizon mais qu'il n'a pas encore basculé de l'autre côté de la ligne, les formes prennent du volume. Avec ses cuves, ses tubulures, ses cheminées d'où montent des colonnes de fumée blanche, le complexe a des allures d'énorme locomotive à vapeur en inox, égarée en rase campagne. Quelques heures plus tard, une fois la nuit tombée, à la lueur des lampadaires et des projecteurs, l'édifice prend une forme plus énigmatique. On croirait une ville du futur, un décor de science-fiction presque inquiétant.

Dans ce royaume du sucre, les enfants pourraient assouvir leur gourmandise à merci. À plein régime, la raffinerie produit près de 1700 tonnes de sucre par jour. Une perspective qui ne réjouit pas les diététiciens et les dentistes. Plus encourageant, en revanche, nos petites têtes brunes et blondes peuvent s'y réconcilier avec certains aspects de la biologie et de la chimie, ainsi qu'avec une page de l'histoire de France.

À l'échelle mondiale, le sucre est essentiellement produit à partir de la canne. Étonnamment, elle appartient à la même famille que le blé. C'est une graminée. Aujourd'hui, les botanistes utilisent le terme « poacée ». La canne a besoin de chaleur et d'humidité, elle pousse donc sous les tropiques. La production française de sucre de canne est concentrée sur l'île de la Réunion dans l'océan Indien et aux Antilles – Martinique et Guadeloupe – où une grande partie de la récolte est destinée à la fabrication du rhum. Même si l'on a parfois l'impression de pouvoir se perdre au milieu des champs de cannes qui dansent sous les alizés, la production française de sucre de canne reste très modeste. Une goutte d'eau par rapport au Brésil et à la Chine.

La belle et la « bette »

Le sucre qui s'entasse dans les silos de Bazancourt ne vient pas des tropiques. Il est extrait d'une plante beaucoup moins élégante : la betterave. Elle pousse au ras du sol. Elle a besoin d'humidité mais redoute les fortes chaleurs. Elle est cultivée depuis des millénaires en Europe, et, malgré des conditions de vie plus qu'austères, elle fait du sucre, beaucoup de sucre.

Pour transformer le végétal en machine à sucre, un très long travail de sélection a été nécessaire. À l'origine, la plante est sauvage, elle pousse en bord de mer, sur les côtes atlantique et méditerranéenne. Nos ancêtres de la préhistoire la consommaient de la tête au pied : feuilles et racine. En passant du stade de chasseurs-cueilleurs à celui d'agriculteurs, ils n'ont eu de cesse d'améliorer leur alimentation. Certains trouvent les feuilles à leur goût. Ils se mettent alors à privilégier les plantes les plus belles en surface. Au fil des floraisons, des récoltes et des semailles, ils ont ainsi créé la « bette ». Sur une autre parcelle du littoral, un autre groupe préfère la racine. Nos ancêtres y trouvaient une saveur très douce qu'ils ne rencontraient, habituellement, qu'en croquant dans un fruit. Ils ont sélectionné les graines des plantes qui engendrent les racines les plus volumineuses, les ont croisées avec d'autres plus savoureuses et ont obtenu la betterave. Cette parenté est toujours visible. Même si les feuilles de la betterave sont beaucoup plus petites que celles de la bette, elles ont exactement le même aspect.

De cette racine, les Grecs tiraient un « miel végétal ». Les Romains l'ont baptisée « *beta vulgaris* », rien à voir avec son quotient intellectuel – la betterave n'est pas plus bête qu'une autre plante. Ils ont observé que sa graine ressemblait à la lettre bêta (ß), « b » en grec ancien. Souvent, les botanistes procèdent par analogie de forme. Ils s'inspirent de ce qu'ils voient autour d'eux pour baptiser les végétaux. Si les noms scientifiques des plantes nous racontent leurs histoires, les noms vernaculaires des betteraves en particulier nous invitent à la rêverie. Nobol, crapaudine, ronde de Chioggia, on imagine des personnages de contes de fées, des êtres aux formes et aux pouvoirs étranges, sortis de terre ou des bois : le malfaisant Nobol, la terrible sorcière Crapaudine, la bonne marraine Ronde de Chioggia, tandis que la Géante rouge évoque une étoile en fin de vie.

Laquelle de ces créatures a usé de ses charmes pour séduire Olivier de Serres ? En 1600, le grand botaniste emploie des mots élogieux pour décrire cette plante qui vient d'arriver sur le territoire français : « Une espèce de pastenades est la betterave, laquelle nous est venue d'Italie n'a pas longtemps. C'est une racine fort rouge, assez grosse, dont les feuilles sont des bettes, et tout cela [est] bon à manger, appareillé en cuisine : [...] le jus qu'elle rend en cuisant, semblable à sirop au sucre, est très beau à voir par sa vermeille couleur [1]. » Nul doute que le père de l'agronomie française a « aimé » la betterave. Mais pas celle dont on extrait aujourd'hui le sucre.

La betterave à sucre est blanche. Contrairement aux betteraves colorées, elle ne convient pas à l'alimentation humaine. Elle a indéniablement un goût sucré, mais notre estomac a du mal à dégrader sa chair. Pendant des siècles, elle a donc servi de fourrage aux animaux de la ferme. Aux ruminants en particulier. C'est ce qui

1. Lucile Allorge et Olivier Ikor, *La Fabuleuse Odyssée des plantes*, Paris, Lattès, 2003.

s'appelle donner de la confiture à des cochons. Cette betterave est en effet gorgée de sucre, un miracle de la nature, un trésor pour les gourmands. Une tonne de blanche de Silésie produit 180 kilogrammes de sucre ! Aucune plante ne sait en faire autant. Alors que la pomme de terre produit de l'amidon, que les fruits stockent du fructose, la betterave élabore le plus complexe des sucres : le saccharose. C'est un processus digne des laboratoires les plus sophistiqués que maîtrisent ce végétal disgracieux.

Tout commence au champ, en pleine lumière. Les feuilles de la betterave captent du CO_2. La racine puise de l'eau et des sels minéraux. Chaque jour, la plante fait ainsi son marché. La matière première est ensuite transformée. La betterave utilise l'énergie de la lumière. Le carbone et l'oxygène contenus dans le CO_2, l'oxygène et l'hydrogène contenus dans l'eau sont séparés et recombinés. Le processus se résume en un mot : la photosynthèse. Il est commun à toutes les plantes et leur permet de fabriquer du sucre : du glucose, ce qui leur permet de vivre, de grandir en fabriquant de la matière organique. Mais la betterave ne s'arrête pas là. À partir des mêmes ingrédients, qu'elle combine différemment, elle fabrique une seconde forme de sucre : le fructose. Comme son nom l'indique, il s'agit du sucre dont sont gorgés les fruits. Infatigable, elle assemble dans la foulée le glucose et le fructose et fabrique du saccharose, une molécule composée de 12 atomes de carbone, 22 atomes d'hydrogène et 11 atomes d'oxygène. Seules quelques plantes sont capables d'une telle prouesse. La betterave et la canne à sucre excellent en la matière. La carotte y parvient aussi, mais avec moins de succès.

Il a fallu attendre une crise pour que soit découverte la richesse extraordinaire de la betterave blanche. En 1806, année qui suit le désastre de Trafalgar, Napoléon Ier, privé de sa flotte, inaugure une nouvelle stratégie. Souhaitant asphyxier l'économie anglaise, il décrète le blocus continental. Aucune marchandise anglaise ne doit plus pénétrer à l'intérieur des frontières de l'Empire et inversement. L'objectif est de ruiner l'Angleterre dont la puissante Royal Navy domine les mers.

Mais cette stratégie nécessite quelques efforts. Les consommateurs français et ceux des pays conquis doivent accepter de se serrer la ceinture. La laine et le coton, jusque-là importés des colonies anglaises, ne sont plus accessibles. Le sucre de canne non plus.

La pénurie est d'autant plus sévère que les bateaux ayant quitté les Antilles françaises, les cales chargées de denrées exotiques, ne parviennent plus à atteindre les ports français. Ils sont arraisonnés par une flotte de corsaires à la solde des Anglais, bien décidés à affaiblir les Français et leurs alliés.

Le sucre manque. Il faut trouver un supplétif. Les plus grands esprits du moment sont convoqués. Parmentier qui a introduit la pomme de terre dans les campagnes françaises s'attelle à la tâche. Il expérimente plusieurs plantes : sa fameuse pomme de terre, la châtaigne, le maïs sur lequel il fonde de grands espoirs en raison de sa ressemblance avec la canne à sucre. Malheureusement, le père du hachis fait chou blanc. La solution va venir de Berlin, après une série de rebondissements dignes d'un roman d'espionnage.

Dès 1745, Andreas Sigismund Marggraf avait lu les travaux de l'agronome Olivier de Serres et ses études sur la betterave fourragère. Dans son laboratoire berlinois, le chimiste allemand parvient à obtenir à partir de la betterave non plus un sirop, comme le faisaient les Grecs, mais des cristaux de sucre. Même si l'expérience n'a permis de fournir qu'une pincée de sucre, c'est un succès : l'aspect et le goût sont identiques au produit obtenu à partir de la canne. Malgré cette découverte importante, qui aurait dû lui mettre l'eau à la bouche, Marggraf ne poursuit pas ses investigations.

Quelques décennies plus tard, en 1786, un de ses élèves pressent la portée de la découverte et les bénéfices qu'il pourrait en tirer. Si l'argent n'a pas d'odeur, il faut croire qu'il a un goût, en l'occurrence un goût sucré. Frédéric Achard, d'origine française, reprend les travaux de Marggraf. Il améliore le procédé et cherche à l'industrialiser. Après dix ans de travaux, en 1796, il met enfin au point la méthode industrielle d'extraction du sucre de betterave.

Quand l'information traverse la Manche, l'Angleterre fait la grimace. Le blocus n'est pas encore à l'ordre du jour, mais les Anglais, qui ont de la suite dans les idées, comprennent vite que si Achard parvient à ses fins, leurs compagnies sucrières pourraient perdre gros. Sachant le Français désargenté, l'Angleterre lui propose alors une petite fortune, à condition qu'il abandonne son projet. Achard ne cède pas. Au contraire. Issu d'une famille de protestants ayant quitté la France au moment de la révocation de l'édit de Nantes, huguenot dans l'âme, Achard est resté français de cœur. Il pousse les portes de l'Institut de France, et vient plaider la cause de la betterave blanche. De l'autre côté de la Manche, l'Angleterre manœuvre pour mettre un terme aux recherches. Tous les moyens sont bons. Elle fait, par exemple, courir le bruit que le sucre de betterave a mauvais goût et, surtout, qu'il est impropre à la consommation. Mais c'est peine perdue, l'Institut reste sourd aux «*fake news*». Et, en 1799, l'institution crée une commission chargée d'améliorer le produit et sa fabrication.

Nous voici en 1812, sous l'Empire, le blocus dure depuis cinq ans, il commence à avoir un goût amer. Le chimiste Chaptal, qui a donné son nom au procédé qui permet d'augmenter par sucrage la teneur en alcool des vins, est alors ministre de l'Intérieur. Il va trouver l'Empereur pour l'informer qu'un certain Benjamin Delessert a mis au point un procédé permettant la fabrication du sucre de betterave en grande quantité. Benjamin Delessert est un homme aux multiples facettes. Banquier florissant, botaniste, avec les lettres de son nom on en fabrique un autre : Le Dessert. N'oublions pas qu'il est aussi philanthrope et a «inventé» la soupe populaire.

«Il faut aller voir cela», s'enflamme Napoléon. La fabrique se trouve à Passy. En découvrant le premier pain de sucre obtenu à partir de la betterave, on raconte que Napoléon fut si ému – enfin une victoire sur l'Angleterre – qu'il détacha ses propres insignes de la Légion d'honneur pour les remettre à Delessert.

Les palmes du sucre

S'il avait pu les agrafer sur une betterave, il l'aurait sûrement fait. La blanche de Silésie avait tout pour lui plaire : voilà une plante sans grade, le caporal des végétaux domestiques, une plante sortie du rang pour prendre la tête de la lutte contre l'Albion perfide. Peu de temps après, un décret paraît, ordonnant la mise en culture de 100 000 hectares de blanche de Silésie. Deux ans plus tard, les premiers pains de sucre sont vendus dans le commerce. Napoléon a à peine le temps d'y goûter, il est définitivement chassé du pouvoir en 1815.

Aujourd'hui, un Français consomme en moyenne 22 kilogrammes de sucre par an, essentiellement du sucre de betterave. La France en est le premier producteur européen. Sa culture s'étend sur 480 000 hectares produisant 44 millions de tonnes de betteraves transformées en sucre dans 21 raffineries, concentrées au nord de la Loire, principalement dans les Hauts-de-France et le Grand Est.

La fabrication du sucre

La récolte a lieu durant l'automne. On parle de campagne, comme pour les armées napoléoniennes ! La plante est arrachée et débarrassée de ses feuilles. C'est la racine qui retient le sucre. Elle a une forme conique, mesure une trentaine de centimètres de long pour un diamètre deux fois plus petit. On dirait une toupie un peu cabossée. Une fois déterrées, les betteraves sont entassées au bord de la route. Elles forment de gigantesques monticules qui s'étirent parfois sur plusieurs centaines de mètres. Les betteraves sont maculées d'une terre collante, au milieu de laquelle se détache la peau blanchâtre. De loin, on croirait des tas de pierres. Ce n'est pas un hasard si ces monticules portent le nom d'« andains ». Le terme a d'abord été utilisé pour désigner les tas de cailloux qui se dressent au bout des champs après le dépierrage d'une parcelle.

Les betteraves ne restent pas longtemps au bord de la route. Il faut rapidement les transporter à la raffinerie. Car, dès l'instant où elle sort de terre, la plante entre en résistance et se met en mode « autonome ». Privée d'alimentation extérieure, elle puise dans ses propres réserves de sucre pour continuer de vivre, diminuant automatiquement la quantité de sucre que l'on va en extraire. En 24 heures, une tonne de betteraves perd 200 grammes de sucre. Il faut donc faire vite. Ce serait dommage de gâcher en quelques jours le travail que la plante a effectué durant des mois.

Les betteraves sont lavées, découpées en lamelles, puis plongées dans un premier bain chauffé à 70°C. L'objectif est de rendre le sucre accessible. À l'état naturel, il est stocké dans la chair de la betterave, dans des cellules protégées par une membrane. Sous l'effet de la chaleur, la paroi protectrice est détruite. Les lamelles de betterave sont alors plongées dans un second bain au cours duquel le sucre va pouvoir se diffuser, à l'image d'un sachet de thé qui colore l'eau où on l'a plongé. À l'issue de l'opération, on obtient un jus de diffusion contenant aux alentours de 15 % de sucre.

Puis le jus est chauffé. Après plusieurs heures de cuisson, il s'est transformé en sirop. Le liquide contient à présent 60 % de saccharose. Le sirop est remis sur le feu. Quand la concentration atteint 75 %, le miracle se produit. Les molécules de saccharose, jusque-là séparées par l'eau, se combinent entre elles. Comme des aimants, elles s'accrochent les unes aux autres, en formant des structures géométriques régulières. Le sucre cristallise. Un passage par la centrifugeuse et les cristaux de sucre sont définitivement isolés du liquide et prêts à sucrer les fraises, le thé ou le café !

Certains reprochent à la betterave ses traits grossiers. C'est oublier qu'il s'agit d'une racine et qu'elle se développe sous la contrainte du sol, ce qui oblige parfois à quelques contorsions et n'invite guère à soigner son allure. Il ne s'agit pas d'une fleur ou d'un fruit qui a besoin de soigner sa mise pour attirer les pollinisateurs ou les disséminateurs. Elle se développe sous terre pour alimenter la partie de la plante qui pousse en surface. On ne peut que lui en être reconnaissant.

Certes, elle est moins élancée qu'une carotte, moins craquante qu'un radis, mais elle est bien plus élégante qu'un topinambour ou qu'un céleri-rave. Discrète et généreuse, cette plante sucrée mériterait bien d'être sacrée impératrice : elle a conquis sans armes et sans verser une goutte de sang un bel et grand empire, l'empire de la douceur.

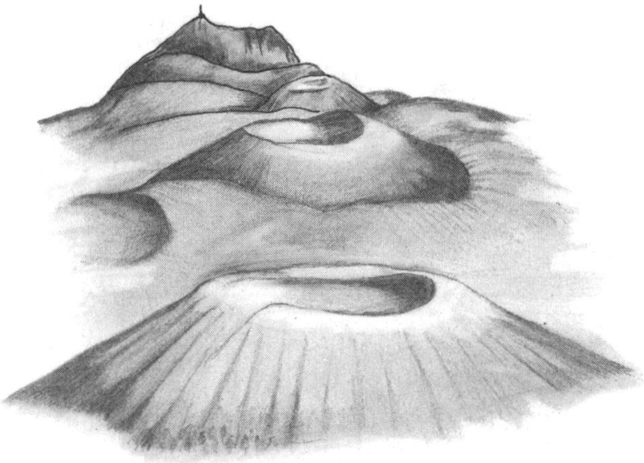

Le Massif central sous pression

Pourquoi nos volcans peuvent se réveiller ?

On monte au puy de Dôme pour voir les volcans. Le panorama est exceptionnel. Tout le monde ne le sait pas forcément, ou bien l'a oublié : la chaîne des Puys est une encyclopédie du volcanisme à ciel ouvert. Une telle diversité de volcans concentrée sur un territoire aussi réduit ne se rencontre nulle part ailleurs dans le monde.

On les voit venir de loin. Au lever du jour, quand le ciel est dégagé, le spectacle est saisissant. Le contraste entre la plaine et le relief est si grand qu'il est impossible de ne pas se poser de questions : comment ces reliefs ont-ils pu sortir de terre ? Pourquoi tous ces volcans ?

Un sommet se détache des autres. Il est prolongé par une antenne de télévision. Elle se dresse comme un sceptre qui souligne le statut particulier de ce monarque des montagnes. Du haut de ses 1 465 mètres, le puy de Dôme domine la centaine de volcans qui composent la chaîne des Puys.

La route grimpe, étroite. Les yeux fouillent les bas-côtés. C'est un peu désespérant. Le passé volcanique de cette montagne ne saute pas immédiatement aux yeux. Il faudrait s'arrêter, écarter les herbes et remuer la terre. Les traces d'éruption sont aujourd'hui noyées sous la végétation. Impossible de les déceler depuis un véhicule en mouvement.

Un autre facteur perturbe l'ascension. Depuis quelques minutes, les oreilles se bouchent. Ce n'est pas la première fois. En prenant de l'altitude, que ce soit en voiture ou en avion, l'organisme réagit de cette manière. On bâille, on déglutit, on fait mâcher des chewing-gums aux enfants pour atténuer la gêne. On ne voudrait pas que ça gâche le plaisir.

Ici, il faudrait pourtant s'en réjouir. Cette réaction de l'organisme illustre un phénomène qui a été mis en évidence au XVIIe siècle sur les pentes du puy de Dôme. Nos oreilles se bouchent à cause de la variation de la pression atmosphérique. Elle diminue au fur et à mesure que l'on prend de l'altitude. L'air bloqué dans l'oreille interne se détend et appuie sur le tympan, entraînant sa déformation et provoquant la sensation d'oreille bouchée. Heureusement, ça ne dure pas. Quand la différence de pression devient trop importante entre les parties interne et externe de l'organe, la trompe d'Eustache, qui relie l'oreille à la gorge et au nez, s'ouvre et libère l'air bloqué dans l'oreille interne. Le tympan reprend sa position initiale et tout redevient normal.

C'est le savant Blaise Pascal qui est à l'origine de cette découverte, en 1848. Il a grandi à Clermont-Ferrand. Depuis longtemps il a l'intuition que la pression de l'air varie avec l'altitude, mais il ne sait comment étayer son hypothèse. Le déclic va venir d'Italie.

Quand Pascal comble le vide

Pascal apprend qu'un élève de Galilée, Evangelista Torricelli, a inventé un instrument qui permet de mettre en évidence la pression atmosphérique. L'objet se présente sous la forme d'un tube de verre gradué, mesurant un mètre de longueur. Il est fermé à l'une de ses extrémités. Il suffit de la remplir de vif-argent – du mercure, dirait-on aujourd'hui –, puis de retourner le tube en plaçant l'extrémité ouverte dans une cuve contenant elle aussi du mercure. Le métal liquide s'écoule dans la cuve, mais, très rapidement, la colonne de mercure se stabilise à une hauteur de 76 cm. Pourquoi ne descend-elle pas plus bas ? C'est à cause de la fameuse pression atmosphérique. L'air est constitué de molécules, il y en a des milliards dans un dé à coudre. Elles exercent une force à la surface du mercure qui se trouve dans la cuve. Cette force équilibre le poids du vif-argent contenu dans le tube. L'expérience est renouvelée plusieurs fois, elle produit systématiquement le même résultat. Pour Torricelli cela prouve que l'atmosphère exerce une pression quasi constante sur tous les objets qui nous entourent. En outre, le petit espace libre au sommet de la colonne démontre l'existence du vide et que, contrairement à ce qu'affirme la grande majorité des savants de l'époque, « la nature n'a pas horreur du vide ». Aristote s'est bel et bien trompé (ce n'est pas la première fois) !

Blaise Pascal se réjouit de la découverte de Torricelli. Elle va lui être utile. Pour mener son expérience, il a besoin d'un cadre et surtout de relief. Il pense tout naturellement au puy de Dôme, un endroit qu'il connaît bien. Il a grandi à ses pieds et il a manifestement été marqué par les paysages de sa région natale. « La France, écrit-il, c'est l'Auvergne avec quelque chose autour. » Au moment des faits, le savant vit à Paris, et c'est par procuration qu'il réalise son expérience. Il en confie la direction à son beau-frère, Florin Périer, qui, lui, vit sur place.

Les résultats tardent à tomber. Périer n'y est pour rien. L'été 1648 est calamiteux, les conditions météorologiques empêchent la mise en œuvre du protocole. « Les neiges et les brouillards ont tellement couvert la montagne du Puy-de-Dôme [...] que, même en cette saison qui est la plus belle de l'année, j'ai eu peine à rencontrer un jour où l'on pût voir le sommet de cette montagne qui se trouve d'ordinaire au dedans des nuées », raconte Florin Périer à son beau-frère parisien. Le 19 septembre, le ciel se dégage enfin. Périer réunit son équipe. Il est assisté par deux collègues, deux témoins de bonne foi, un médecin et un chanoine. « J'ai estimé à propos de joindre encore la présence de personnes aussi savantes qu'irréprochables afin que la sincérité de leur témoignage ne laissât aucun doute de la certitude de l'expérience », assure Périer.

Ils ont fabriqué deux instruments similaires à celui mis au point par Torricelli. La première mesure est effectuée dans le jardin d'un monastère de Clermont-Ferrand. Périer utilise les deux instruments. Il note la hauteur de la colonne de mercure. La même dans les deux tubes : 26 pouces, 3 lignes et demie (71 cm) au-dessus du niveau de mercure contenu dans la cuve. Puis la petite troupe se lance à l'assaut de la montagne, en laissant l'un des appareils de mesure sur place. Clermont-Ferrand se trouve à une altitude de 360 mètres, le sommet est à 1 465 mètres. Parvenu à destination, Périer installe le second instrument. Il retourne le tube de mercure, l'extrémité fermée orientée vers le haut, l'extrémité ouverte trempant dans la cuve. La colonne de liquide descend et se stabilise. Périer observe avec soulagement : elle est moins haute, 23 pouces et 2 lignes (63 cm). Huit centimètres de moins qu'au pied de la montagne. Par précaution, Périer renouvelle l'expérience le lendemain, entre la base et le sommet de la plus haute tour de la cathédrale de la ville. Le résultat est le même, la hauteur de la colonne diminue avec l'altitude. Il envoie son compte rendu à son beau-frère.

À Paris, Pascal reproduit l'expérience. Cette fois, la hauteur de mercure est mesurée entre la base et le sommet de la tour Saint-Jacques. Comme prévu la pression atmosphérique se comporte à Paris comme en Auvergne. Preuve est faite que le poids de la colonne d'air exerce une pression sur les objets qui nous entourent et que ce poids diminue avec la hauteur de cette même colonne. C'est en hommage aux travaux du savant et philosophe français que la pression se mesure en Pa (pascals). Quand la pression atmosphérique est de 1015 hPa, il fait beau : champagne, trinquons à la gloire de Pascal ! D'autant plus que le champagne mousse davantage en altitude qu'en plaine. Au sommet du mont Blanc, la différence de pression avec la cave où il a été mis en bouteille est plus importante qu'à la terrasse d'un café parisien, à cause de l'altitude. On bulle mieux sur le toit de l'Europe que sur les berges de la Seine.

La découverte de Pascal va bouleverser les sciences et les techniques. Elle va permettre d'établir définitivement l'existence du vide et inciter d'autres savants à imaginer des machines pour se rapprocher de cet « état ». Les travaux de Pascal sur la pression vont aussi donner tout son sens au principe d'Archimède puisque la force que subissent les corps plongés dans un fluide est directement liée à la pression. Comme l'air, c'est la hauteur de la colonne d'eau qui fait augmenter la pression. Ainsi, un mètre cube d'eau dans un réservoir d'un mètre de hauteur exerce à la base des parois dix fois plus de pression que dix, cent ou mille mètres cubes d'eau dans un réservoir de dix centimètres de hauteur.

Les monts qui ont fait trembler nos ancêtres

Revenons à notre ascension du puy de Dôme. Quelques minutes avant d'atteindre le sommet, les visiteurs ont entendu un petit *plop* au creux de leur oreille. Puis tout est rentré dans l'ordre. Il correspond à l'ouverture des trompes d'Eustache au moment du rééquilibrage de la pression de part et d'autre du tympan. Concentrons-nous sur le paysage. Le spectacle est grandiose. La chaîne des Puys s'étire devant nos yeux. Un alignement nord-sud presque parfait. Une ligne de quarante kilomètres de longueur et quatre de largeur qui avance en pointillé, au rythme des boursouflures qui surgissent en bordure de la plaine de la Limagne. Une centaine de volcans posés les uns à côté des autres, une gigantesque peau de baleine à bosse.

Le puy de Dôme se trouve à peu près au centre de cette ligne. Au loin se dessinent les monts Dore et, par beau temps, un œil exercé peut même voir le mont Blanc. « Parfois quand les nuages s'accrochent aux sommets des volcans on a l'impression qu'ils fument encore comme s'ils étaient sur le point de se réveiller [1] », note François Michel.

---

1. François Michel, *Roches et Paysages. Reflets de l'histoire de la Terre*, Paris, Belin, 2005.

C'est vrai qu'ils ne sont pas très vieux. La chaîne des Puys a commencé à se former il y a environ 150 000 ans, avec un « pic » durant une période courant de -13 500 à -7 000 avant notre ère. Puis, plus rien, en surface du moins. Le puy de Dôme est ainsi sorti de terre il y a 11 000 ans. Il est un des plus jeunes volcans d'Auvergne.

Nos ancêtres du néolithique ont assisté à leur naissance. Ils les ont vus grandir et sculpter le paysage. Ils ont été les témoins effrayés d'éruptions apocalyptiques. La mise au jour de silex et d'ossements prouve qu'il y a eu des spectateurs. 11 000 ans c'est peu. À cette époque, l'homme commence à se sédentariser, certaines espèces animales sont déjà domestiquées, il maîtrise les rudiments de l'agriculture.

Comment se forment les volcans ?

Qu'est-ce que des volcans viennent faire ici, au beau milieu du Massif central ? D'ordinaire, ils se forment à la frontière des plaques tectoniques quand elles plongent l'une sous l'autre ou, au contraire, quand elles s'écartent. Les volcans de la ceinture de feu, tout autour de l'océan Pacifique, sont souvent cités comme exemples pour illustrer le phénomène. C'est aussi le cas des volcans de l'arc antillais. Parfois, les volcans se forment à la verticale de ce que l'on appelle un « point chaud ». La France a sur son territoire l'un des plus actifs de la planète : le piton de la Fournaise situé sur l'île de la Réunion. Dans le Massif central, aucune de ces conditions n'a jamais été remplie. Quelle est la clé du mystère ?

Tout a commencé il y a 35 millions d'années. En remontant vers le nord, la plaque africaine est entrée en collision avec la plaque eurasienne, ce qui a provoqué le soulèvement des Alpes, et l'étirement de la croûte terrestre tout autour de l'arc alpin. Les contraintes ont été si importantes qu'une partie du socle a cédé et s'est rompue. Formant ce qu'on appelle un rift. Si ce mouvement s'était poursuivi, un océan aurait envahi la zone. Ce morceau de plaque effondré forme aujourd'hui la plaine de la Limagne, et les failles qui la délimitent sont parfaitement visibles. La chaîne des Puys s'est dressée sur la faille occidentale, à l'ouest de l'actuelle ville de Clermont-Ferrand.

Durant la phase d'étirement une multitude de failles se sont en fait formées dans l'épaisseur de la croûte. Comme celles qui apparaissent en étirant de la guimauve. De la même manière, la croûte s'est aussi amincie. Les roches du manteau terrestre situées juste en dessous, subissant moins de pression, sont alors devenues plus fluides. Elles se sont glissées dans les failles et sont remontées à la surface pour donner naissance, il y a 25 millions d'années, aux premiers volcans d'Auvergne, ceux de la Limagne. À partir de -15 millions d'années, le magma s'est à nouveau infiltré dans ces passages engendrant les premiers sommets du massif du mont Dore. Il y a 13 millions d'années, le massif du Cantal (le plus grand volcan d'Europe, deux fois la taille de l'Etna) commence à se dresser. Puis le Cézallier, il y a 8 millions d'années. Et enfin la chaîne des Puys qui a commencé à sortir de terre il y a environ 150 000 ans.

Il a fallu du temps pour que l'homme moderne identifie l'origine des reliefs auvergnats. Les témoins du néolithique n'ont hélas laissé aucun compte rendu. Enfant, Blaise Pascal ignorait, comme ses contemporains, la véritable nature de la montagne qui se dressait devant lui. L'origine volcanique de la chaîne des Puys n'a été établie qu'en 1752. C'est en comparant des échantillons prélevés sur le Vésuve en Italie avec des roches locales qu'un naturaliste français, Jean-Étienne Guettard, a fait le lien. Il faut dire que, sous le couvert végétal, les savants de l'époque étaient incapables d'identifier ces reliefs. Ne blâmons pas trop la végétation toutefois : ce sont des fossiles de bois qui ont permis de dater la formation de la chaîne.

C'est étrange, quand on arrive au sommet du puy de Dôme, passé l'émerveillement provoqué par la découverte du paysage, on éprouve une légère déconvenue. Ce volcan ne correspond pas exactement à l'image que l'on se fait d'un tel édifice : un cône, avec à son sommet un cratère.

Le Nid de la Poule qui se trouve dans le prolongement du puy de Dôme, juste en dessous, en direction du nord, est plus fidèle à cette image. On imagine facilement la lave jaillissant en son centre, en jet continu comme un gigantesque chalumeau, ou par à-coups comme l'air expulsé de l'évent d'un cétacé, les lambeaux de roche en fusion projetés en l'air et retombant autour du cratère, s'accumulant et faisant grandir l'édifice. En étant bien concentré on peut même deviner le souffle du volcan, le cliquetis des scories qui roulent sur les pentes.

Plus loin, toujours visible depuis le puy de Dôme, il y a le Pariou. Une partie de la bouche a été emportée, mais on devine là encore très bien le cône. Les vulcanologues, qui ont un vocabulaire bien à eux, ont choisi un terme tout à fait imagé et accessible à tous pour les distinguer des autres volcans. Ils disent que ces cônes sont « égueulés ». Bouche, gueule, souffle, entrailles, quand on écoute les vulcanologues on a parfois le sentiment qu'ils parlent d'un animal. Sûrement parce qu'ils savent mieux que nous ce qui se trame sous nos pieds : ce qui semble figé est en perpétuel mouvement depuis près de 4,5 milliards d'années. Cette mécanique s'apparente au métabolisme d'un animal sauvage dont on redoute toujours la réaction.

Parfois le cratère est occupé par un lac. C'est ce que l'on appelle un *maar*. Rien à voir avec l'élément liquide. Ce type de cratère se forme lorsque, sur son passage, le magma entre en contact avec de l'eau. En traversant une nappe phréatique par exemple. Au contact de la chaleur l'eau se vaporise. La pression augmente, provoquant l'explosion des roches. Au fil du temps, le cratère se remplit et se transforme en lac, comme celui de Pavin, situé dans les monts Dore.

Le puy de Dôme, en comparaison, semble avoir un peu perdu de son panache. Son sommet est dépourvu de cratère. Il est bombé. Il n'en est pas moins volcan et un de la pire espèce. Sa morphologie est liée à la nature de la lave. Lorsqu'elle est très visqueuse, elle ne parvient pas à remonter à l'air libre. Un bouchon se forme. La lave s'accumule et le volcan prend du volume, il gonfle et adopte ce profil rebondi caractéristique.

Les éruptions de ce type de volcan sont d'une extrême violence. Quand la pression devient trop grande, le bouchon saute. La roche est littéralement pulvérisée. Un nuage composé de cendres incandescentes s'élève dans le ciel avant de retomber et de dévaler les pentes. C'est ce qu'on appelle une nuée ardente, comme il s'en est produit sur la montagne Pelée en Martinique au début du XXe siècle. Nos ancêtres ont assisté à ce spectacle terrifiant.

Peuvent-ils se réveiller ?

À ce stade, le promeneur se dit qu'il est temps de rentrer à la maison, et de se mettre à l'abri. Officiellement, les scientifiques considèrent qu'un volcan est éteint quand il n'est plus entré en éruption depuis 10 000 ans. C'est le cas pour beaucoup d'entre eux mais pas tous. L'activité la plus récente remonte à seulement 6 700 ans.

Faut-il donc s'en inquiéter ? Si l'on se trouve au sommet du puy de Dôme ou de n'importe quel volcan de la chaîne des Puys, on peut souffler. Ils n'entrent en éruption qu'une seule fois. On dit qu'ils sont « monogéniques ». L'épisode éruptif ne dure que quelques semaines, quelques mois, parfois plusieurs années.

Mais l'hypothèse de nouvelles éruptions doit être prise au sérieux. Les failles qui sont apparues lors de la formation des Alpes et de l'étirement de la plaque eurasiatique sont nombreuses et sous le manteau, le magma, à cet endroit est anormalement chaud. Des géologues ont récemment montré que les chambres magmatiques qui alimentent les volcans ne sont pas aussi réduites qu'on l'imaginait. D'après leurs résultats, le puy de Dôme et le Grand Sarcoui, distant de 5 kilomètres, auraient été alimentés par la même chambre. D'autres scientifiques ont alors montré que le magma contenu dans un réservoir aussi volumineux n'avait pas eu le temps de se refroidir, même 12 000 ans après la dernière éruption. La cocotte-minute est toujours sous pression.

Quand aura lieu la prochaine éruption ? Dans six mois ou dans cinq mille ans. Impossible d'être plus précis. L'Auvergne et, en particulier, la ville de Clermont-Ferrand sont sous étroite surveillance. Les géologues de l'Observatoire de physique du globe disposent aujourd'hui d'outils et de méthodes d'analyse très perfectionnés qui leur permettent d'anticiper un nouvel épisode volcanique. Une éruption est toujours précédée par des signes qui ne trompent pas : micro-séismes, déformation du sol, émission de gaz, etc. À la moindre alerte, les zones à risques seraient évacuées.

Pour le moment, c'est le calme plat. Nous pouvons tranquillement profiter du spectacle qui se joue au sommet du puy de Dôme. Une centaine de volcans alignés les uns derrière les autres, dont certains se sont formés en un jour, d'autres en un siècle. Certains ont engendré des coulées, d'autres des nuées ardentes. Cônes, dômes, maars, toutes les familles sont représentées. Ils sont présents en différents endroits de la planète, jamais sur un territoire aussi réduit. Haroun Tazieff s'en est ému: «Je suis venu aux volcans d'Auvergne au terme d'une quinzaine d'années passées à parcourir le monde en quête d'éruptions. Je sais aujourd'hui que si j'avais "fait mes classes" dans nos puys, sur les flancs du Cantal ou des monts Dore, j'aurais gagné un temps infiniment précieux.»

agriculteurs ne peuvent donc pas compter sur les graines issues de la pollinisation.

Vous pouvez en cueillir quelques-unes sans risquer de vous faire taper sur les doigts. Ces fleurs ne sont pas destinées à la confection de bouquets. La récolte se trouve dans le prolongement du pied, enfouie à quelques centimètres sous la terre que l'agriculteur a pris soin de relever. Il a « butté », comme on dit dans le jargon, pour que la récolte soit bonne.

Il est encore un peu tôt pour l'arrachage, il manque deux ou trois semaines, mais, en tirant délicatement sur la tige principale, on peut réussir à dégager un pied. La butte fournit une légère résistance. Il faut doser sa force pour que les racines remontent à la surface sans que la tige cède. Les flancs de la butte craquellent et de petites mottes compactes, plus sombres, roulent sur la pente.

Avant l'image, il y a l'odeur. Celle de la terre. Elle était piégée sous l'épais feuillage. L'effet de la chaleur estivale est immédiat. Les molécules volatiles s'élèvent instantanément et embaument l'atmosphère. Ce n'est pas le parfum du sous-bois, mais la senteur caractéristique de la terre agricole au cœur de l'été. Elle émane du sol imprégné d'humidité. Le reliquat d'une pluie d'orage qui s'est abattue quelques jours plus tôt. C'est toute cette histoire qui remonte à la surface.

Encore un petit effort et les racines sont maintenant à l'air libre. Au milieu de l'enchevêtrement, on distingue des taches un peu plus claires. Un geste sec et la terre se décolle. Des formes oblongues et rebondies surgissent du chaos : des pommes de terre. Il y en a une quinzaine, peut être vingt, On croirait une pêche miraculeuse. Elles sont presque arrivées à maturité. À ce stade, elles ne grossiront plus. Seule la peau doit encore s'épaissir. Ce sont des rattes, une variété que l'on

Les dinosaures des vignes de l'Aude

Et si Jurassic Park se trouvait dans le sud de la France ?

Michael Crichton, l'auteur de *Jurassic Park*, le roman dont s'est inspiré Steven Spielberg pour réaliser la superproduction éponyme, situe l'action de son livre sur une petite île au large du Costa Rica dans l'océan Pacifique, Isla Nublar, qui fait elle-même partie d'un archipel baptisé «*Las Cinco Muertes*» (l'archipel des Cinq-Morts). À la requête «Las Cinco Muertes» sur Internet, un site précise même les coordonnées géographiques de l'archipel. Un article détaille le relief, un autre s'attarde sur la géologie et sur le climat.

Ces pages, en réalité, ont été créées dans la foulée du film et des épisodes qui ont suivi. Ces données sont fictives. En bon auteur de science-fiction, Michael Crichton a tout inventé. L'intrigue, les personnages mais aussi les lieux. Pour s'en convaincre, il suffit de vérifier sur une mappemonde. Au large du Costa Rica, il n'y a aucune trace d'un archipel baptisé Las Cinco Muertes. Il faut croire que la région inspire les romanciers, puisque Robert Louis Stevenson aurait fait surgir son *Île au trésor* des mêmes eaux [1].

Si Michael Crichton avait été paléontologue, il n'aurait peut-être pas eu besoin de recourir à son imagination. Il aurait pu, par exemple, planter le décor de son roman en Mongolie, dans le désert de Gobi, à Ukhaa Tolgod. À cet endroit, sur une zone de 4 km^2, soit une surface deux fois plus petite qu'un arrondissement de Paris, les scientifiques ont mis au jour une quantité phénoménale de squelettes de dinosaures : des Pinacosaurus, appartenant à la famille des ankilosaures, des dinosaures dont l'extrémité de la queue était pourvue d'une sorte de massue et dont les paléontologues supposent qu'ils l'utilisaient pour se défendre. Ils ont aussi déterré des fossiles de protocératops, un animal qui avait un peu l'allure du célèbre tricératops, mais plus menu et dépourvu de cornes et collerette. Aux côtés de ces paisibles herbivores, ils ont déniché les restes de redoutables carnivores : des vélociraptors, des oviraptors et des tyrannosaures, icônes morbides et incontestées du genre, voilà pour les plus connus car, pour être complet, il aurait fallu ajouter à cette liste une bonne vingtaine de noms, difficilement prononçables.

Un autre site plus accessible et plus accueillant que les mornes étendues de Mongolie aurait pu attirer l'attention de l'auteur de science-fiction et accueillir

1. Alex Capus, *Voyageur sous les étoiles*, Arles, Actes Sud, 2017.

légitimement sa ménagerie préhistorique. Le climat y est tempéré, à dominante méditerranéenne. L'été, il y fait chaud, les cigales « chantent ». À l'automne, les orages et de fortes pluies arrosent les sols sédimentaires. Ce site se trouve dans le sud de la France, non loin des Pyrénées, dans la haute vallée de l'Aude. Il y a 72 millions d'années les dinosaures occupaient le terrain. Depuis la fin des années 1980, plusieurs squelettes ont refait surface et font désormais de cette région l'un des plus riches gisements de fossiles de la planète.

J'ai eu la chance de tenir dans mes mains un morceau d'ambre dans lequel un moustique a été piégé. Ce geste parfaitement anodin pour un paléontologue l'est beaucoup moins pour un profane. Le morceau d'ambre – de la résine de conifère fossilisée – avait été collecté en Charente, un département dans l'ouest de France où se situe également un gisement de fossiles. L'insecte était dans un état de conservation exceptionnel. À l'aide d'une loupe, on en distinguait toutes les parties du corps, jusqu'aux fines pattes figées dans le sarcophage de résine. Il est fascinant d'imaginer que ce diptère soit parvenu jusqu'à nous dans cet état de préservation après plus de 100 millions d'années. L'effet produit est considérable. Passé la magie on est comme hypnotisé, précipité dans le tourbillon de la machine à remonter le temps. En quelques instants, la résine autour de l'insecte s'efface, ce n'est plus un moustique figé dans le temps que l'on regarde mais la faune du « monde perdu » qui s'agite sous nos yeux.

Comment ne pas y penser ? Et si l'insecte avant de s'engluer dans la résine s'était, au préalable, posé sur le dos d'un dinosaure ? Et si la femelle en quête de nourriture pour sa progéniture avait planté sa trompe entre les écailles ou les plumes de son hôte pour lui soustraire quelques gouttes de sang ? Il suffirait de dégager le moustique de sa gangue, de prélever un petit échantillon de sa récolte, d'isoler quelques cellules, d'aller fouiller dans son noyau, d'en prélever l'ADN et de relancer la machine. Produire de nouvelles cellules et engendrer un clone. Sur le papier, la recette semble facile, terriblement excitante. Dans la réalité, le processus se révèle beaucoup plus complexe. Michael Crichton s'est appuyé sur les travaux de recherches menées à son époque par plusieurs laboratoires pour bâtir son scénario. Au début des années 1990, les chercheurs étaient assez confiants. Un laboratoire américain avait même annoncé avoir extrait l'ADN d'un insecte prisonnier depuis 70 millions d'années. Le public attendait la suite avec impatience. Cet engouement est alors porté par une actualité très riche. À la fin des années 1980 et au début des années 1990, les découvertes s'enchaînent dans plusieurs disciplines. La paléontologie, la génétique, la biologie cellulaire font régulièrement la une des médias. Les fantaisies de Crichton mises en images par Spielberg finissent par faire figure d'anticipation plus que de science-fiction.

Depuis, les connaissances sur la cellule ont considérablement évolué. Les savoirs ont mis au jour de nouveaux obstacles qui, au fur et à mesure, ont freiné les ardeurs d'une poignée de scientifiques dont les travaux s'apparentaient plus à ceux d'apprentis sorciers qu'à une réelle activité de recherche. Et ce qui paraissait à portée de main hier semble difficilement accessible aujourd'hui, ou pour le moins dénué d'intérêt. Des clones de mouton, de vache, de chien ont vu le jour, mais aucun dinosaure n'a jailli d'une boîte de Petri.

La découverte d'Espéraza

C'est dans ce contexte que le premier dinosaure de la haute vallée de l'Aude a refait surface. Nous sommes en 1982, des amateurs de paléontologie arpentent la campagne autour d'Espéraza, à mi-chemin entre Carcassonne et Perpignan. Ils n'ont pas choisi cette destination au hasard. Dans la région, on sait, depuis la fin du XIXe siècle, que des fossiles de dinosaures remontent régulièrement à la surface. Les promeneurs avertis avancent lentement, l'œil rivé au sol, privilégiant les chemins et les plates-bandes à proximité des vignes.

Nous sommes au cœur du vignoble qui produit la célèbre blanquette de Limoux. Moins prestigieuse que le champagne, cette blanquette est aujourd'hui considérée comme le plus vieux vin effervescent de France. Son nom est lié à la couleur des feuilles du cépage mauzac, qui, avec le chardonnay et le chenin, entre dans la composition de ce vin. Vues du dessus, elles sont vertes. Mais quand le vent d'autan se met à souffler, elles dansent, exposant leur face cachée, qui, elle, est presque blanche.

Aux abords des vignes entretenues, comme dans les chemins battus par le passage des randonneurs, l'herbe a disparu. L'exploration visuelle est plus aisée. Pour faire une bonne récolte, un amateur m'a aussi confié qu'il fallait ne pas trop parler durant la prospection et tendre l'oreille. Car si l'œil est capable de saisir la moindre nuance de forme ou de couleur permettant de reconnaître un os fossilisé parmi des éclats de roche, le son qu'il produit en roulant sur le sol est aussi très caractéristique et ne peut se confondre avec celui d'une pierre.

Ce jour de 1982, la récolte est plus abondante que d'habitude : plusieurs fragments d'os dont certains atteignent quelques centaines de grammes. La nouvelle circule vite. La presse locale est alertée et s'en fait l'écho. Des fragments sont envoyés à Montpellier. Des experts analysent les fossiles. Ils en concluent sans l'ombre d'un doute que les fragments d'os proviennent de squelettes de dinosaures. Les animaux appartiennent à la famille des titanosauridés, de grosses bêtes parmi lesquelles on trouve le célèbre diplodocus. Cependant, aucune campagne de fouilles officielle n'est lancée. La région n'est pas supposée abriter un sanctuaire de dinosaures.

Les amateurs n'en prennent pas ombrage. Au contraire, ils poursuivent leurs investigations, suscitant même de plus en plus de vocations. Fasciné par le très lointain passé de sa région depuis de nombreuses années, l'instituteur de la commune prend la tête d'un petit groupe qui, patiemment, commence à écumer le terrain. À chaque sortie, les marcheurs reviennent avec des besaces pleines de fragments d'os et de coquilles d'œufs fossilisées.

Tout ce battage finit par arriver aux oreilles d'un étudiant en paléontologie. Jean Le Loeuff prépare une thèse sur les dinosaures du Crétacé, la dernière période de l'ère Mésozoïque (anciennement ère secondaire). Il n'est pas surpris d'apprendre que des fragments de squelettes fossilisés émergent du sous-sol d'Espéraza. Ce n'est pas la première fois que cela se produit dans la région. En revanche, aucune découverte majeure n'a été faite. Par acquit de conscience, il décide cependant de se rendre sur les lieux. Il est accompagné par Éric Buffetaut, l'un des plus éminents paléontologues du moment.

Les deux hommes débarquent à Espéraza en décembre 1988. Ils sont guidés par le maître d'école. Les voilà sur le chemin qui mène à Bellevue, au milieu du vignoble, à l'endroit précis où les premiers ossements ont été découverts. Sur le côté, il y a un terrain assez pentu. Une ancienne vigne exposée plein sud dont il ne reste que quelques pieds au milieu du thym, les seuls végétaux capables de pousser sur la roche sédimentaire. Le propriétaire est informé et donne son accord afin que l'on procède à un sondage.

Une pelle mécanique est appelée à la rescousse. Jean Le Loeuff choisit une zone assez tendre. L'engin entre en action. Il déploie son long bras et enfonce son godet dans le sol. La machine tressaille. Arc-bouté sur ses appuis, la pelleteuse remonte le godet. Jean Le Loeuff comprend vite. Au milieu du bloc de grès arraché à la pente, il distingue nettement plusieurs os. Des os à la pelle pour ainsi dire car ils sont très nombreux. Au bout d'une demi-heure un fémur entier est remonté : Jean Le Loeuff et Éric Buffetaut ne le savent pas encore – le devinent-ils ? –, ils viennent de découvrir l'un des gisements de fossiles de dinosaures les plus importants du monde.

Au cours des mois suivants, les paléontologues dégagent d'autres os. Des côtes, des vertèbres, un autre fémur, des fragments de bassin et de mâchoire éparpillés sur quelques dizaines de mètres carrés. La moisson est inespérée. Et les experts ne sont qu'au début de leurs surprises. Les pièces sont débarrassées de leur gangue minérale, puis comparées, classées, et finalement rassemblées. Miracle ! Elles s'emboîtent comme les pièces d'un puzzle en 3D. Les os proviennent du même animal. Il faut de la place pour le reconstituer. Dès les premiers os, les paléontologues ont deviné qu'il s'agissait d'un animal aux mensurations imposantes. Au fil des semaines, l'intuition se confirme. Le dinosaure appartient à la famille des titanosauridés du genre Ampelosaurus. Autrement dit, ce que la nature a produit de plus volumineux, dont le gigantesque brachiosaure, un cousin du diplodocus. Un animal de 40 mètres de long pesant plus de 40 tonnes. Celui que Jean Le Loeuff et ses homologues ont mis au jour est plus modeste. Mais tout de même. Une fois « monté », le squelette atteint 12 mètres de long. Son poids est compris entre 10 et 15 tonnes. Sa hauteur, 2,50 mètres.

Il n'y a pas que les chiffres qui donnent du poids à cette découverte. En 1988, personne n'a encore jamais vu un tel animal. La taille, le crâne, les mâchoires ne correspondent à rien de connu. Les plaques osseuses qui recouvrent une partie de son dos, qui équipent habituellement le stégosaure et sont destinées vraisemblablement à emmagasiner de la chaleur, n'ont jamais été observées chez les Ampelosaurus. Jean Le Loeuff a non seulement mis la main sur un formidable gisement, mais il a aussi découvert une nouvelle espèce de dinosaure. Champagne... ou plutôt blanquette de Limoux !

Comment baptiser un dinosaure ?

Puisque l'animal n'a jamais été décrit, il faut lui donner un nom. Dans ce genre de situation, certains scientifiques en profitent pour rendre hommage à un éminent prédécesseur, d'autres s'appuient sur des caractéristiques physiques de l'animal, d'autres encore s'inspirent de l'environnement dans lequel a eu lieu la découverte. Jean Le Loeuff opte pour la troisième solution. Il baptise son dinosaure *Ampelosaurus atacis*, le dinosaure des vignes de l'Aude.

Quelques années plus tard, un second ampélosaure va être extrait du site de Bellevue à quelques dizaines de mètres de l'endroit où le premier a été découvert. C'est une étudiante qui bute sur le premier os. Il faudra quatre ans pour dégager la totalité du squelette. Les précautions prises par les paléontologues sont encore plus grandes que la première fois. La découverte est phénoménale. Le squelette est presque complet et surtout il est encore articulé ! Des côtes sont toujours attachées à la colonne vertébrale. Le spécimen est baptisé Eva. C'est le prénom de l'étudiante qui, du bout de sa truelle, a gratté au bon endroit.

Les squelettes d'Eva et de son congénère sont présentés dans le musée d'Espéraza au milieu d'une faune insolite. On y voit entre autres un drôle d'oiseau, un énorme volatile baptisé *Gargantuavis philoinos*, dont on imagine l'appétit d'ogre. En un quart de siècle, plus de 6 000 os ont été dégagés du sol de la haute vallée de l'Aude et les paléontologues sont loin d'avoir épuisé les alentours d'Espéraza. L'objectif n'est pas de faire du chiffre, mais ces résultats rappellent que ce petit bout de territoire français – une surface de quelques kilomètres carrés seulement – fait partie des gisements les plus riches de la planète au même titre que ceux de Mongolie, de Chine, des États-Unis ou de Thaïlande.

Un os fossilisé n'est pas un trophée même s'il a échappé à un processus de dégradation naturelle. Il est d'abord et avant tout un témoin qui a perdu la parole et que les paléontologues vont s'appliquer à faire parler, sans violence, mais avec le plus grand soin, en prenant leur temps au mépris de l'impatience collective.

La France à l'ère Mésozoïque (anciennement appelée secondaire)

Que nous racontent Eva et ses proches ? Qu'ils vivaient il y a environ 72 millions d'années, durant ce que l'on appelle le Crétacé supérieur. La dernière période de l'ère Mésozoïque anciennement baptisée ère secondaire. Pour mesurer la distance qui nous sépare de ces dinosaures, souvenons-nous que le premier hominidé est apparu il y a environ 2,5 millions d'années. De quoi donner le vertige.

L'ère Mésozoïque s'étend de 250 à 66 millions d'années avant notre ère. Elle est divisée en trois périodes : le Trias (-250 Ma, -200 Ma), le Jurassique (200-145) et le Crétacé (145-66). D'où sortent ces noms barbares ? Pour le profane, ils sont souvent repoussants, autant que peuvent l'être les dinosaures. Ils ont vocation à nous éclairer, pourtant ils nous tiennent à distance de ce monde perdu. Ils donnent le sentiment d'une réalité complexe. Comme si ces âges reculés devaient rester obscurs à notre faculté de comprendre la chronologie et que seule une poignée d'initiés avaient le droit de dresser des ponts entre les âges et de s'aventurer dans « la nuit des temps ». Ce vocabulaire a pourtant bien été créé dans un but de transparence et de transmission. Il est plein de bon sens, illustre la lente « évolution » du savoir et la volonté de partage des connaissances. Revenons un instant sur les balbutiements de la géologie et de la paléontologie.

Au XIXe siècle, les géologues ont compris que le sous-sol se présente sous la forme d'un millefeuille. La chronologie est évidente mais ils sont incapables de dater les périodes pendant lesquelles se sont constituées les strates. Convaincus que l'avancée des connaissances repose sur l'échange de données, ils ont besoin d'un vocabulaire commun pour désigner ces strates. De leur côté, les paléontologues doivent aussi pouvoir identifier les couches géologiques d'où un fossile est extrait.

Un géologue allemand, Friedrich August von Alberti, ayant sillonné une bonne partie de l'Europe, avait observé à de nombreuses reprises l'empilement de trois couches de sédiments, toujours les mêmes. Il saisit que cet empilement constitue la signature d'une période géologique particulière, l'ère Mésozoïque. Pour désigner la plus reculée, les géologues partent du chiffre trois et proposent le terme « Trias ». C'est dans ces strates du Trias qu'ont été découvertes les plus anciennes traces de dinosaures. Des empreintes vieilles de 237 millions d'années.

Pour le Jurassique (-200,-145), la communauté scientifique a mis plus de temps à se mettre d'accord. Cette période est également caractérisée par une accumulation de dépôts sédimentaires. Mais d'une tout autre nature que ceux du Trias. La couche très caractéristique est également observable sur une multitude de sites, notamment dans le Jura. Les noms de plusieurs d'entre eux furent avancés pour désigner cette période. Des Anglais proposèrent le « bassin de Londres », des Allemands « le Wurtemberg », chaque géologue étant convaincu de fournir le meilleur site témoin. Finalement, c'est le site français qui, à l'initiative du célèbre explorateur allemand Alexander von Humboldt, fut retenu.

C'est dans cette couche, dans le Jura précisément, qu'a été découverte une magnifique série d'empreintes. Elle permet de suivre la trace d'un gigantesque sauropode, un cousin d'ampélosaure, sur près de 150 mètres. « 3 minutes 30 de la vie d'un titanosaure », résume le paléontologue Jean-Michel Mazin. Le propos comme les faits sont lapidaires, mais vrais.

Pour le Crétacé (-145, -66) les géologues ont fait plus simple. Cette période qui se caractérise par un nouvel épisode de dépôts sédimentaires a engendré la formation des falaises de craie de la côte normande. Craie, Crétacé, ces deux mots ont la même racine.

À quoi ressemblaient les paysages de l'Aude il y a 72 millions d'années ? Rien à voir avec ceux d'aujourd'hui. À l'époque, quand on prend de la hauteur, on ne devine même pas les contours de l'Hexagone. Pas plus que ceux des pays voisins. L'Europe formait alors un vaste archipel, composé d'îles plus ou moins étendues.

Pour comprendre, il faut remonter au début de l'ère Mésozoïque. Il y a 250 millions d'années, les continents forment un bloc unique : la Pangée. Au Trias, le mouvement des plaques tectoniques disloque la Pangée. Le continent s'ouvre à l'est. L'unique océan, la Téthys, s'engouffre dans cette brèche, venant recouvrir une partie des terres qui, jusque-là, étaient émergées. Le phénomène n'est pas instantané. Il s'étale sur des dizaines de millions d'années. Il n'est pas non plus linéaire. La mer va et vient au fil des époques.

Au Jurassique et au Crétacé, le mouvement se poursuit. L'Europe et l'Amérique du Nord partent d'un côté. L'Amérique du Sud, l'Afrique, l'Inde et l'Australie prennent une autre direction. Il y a 100 millions d'années, la masse continentale continue de se fragmenter, l'Amérique du Sud et l'Afrique se séparent. C'est la naissance de l'océan Atlantique.

La température à la surface de la planète est plus élevée : -5 °C, par exemple, au niveau des pôles. Il n'y a pas de calotte glaciaire sur les continents. L'eau qui n'est pas mobilisée par les glaces engendre des niveaux beaucoup plus élevés qu'ils le sont aujourd'hui. Jusqu'à 150 mètres au-dessus des références actuelles ! Ce sont les incursions marines aux niveaux fluctuants, hébergeant au fil des époques des faunes différentes, qui ont engendré la grande variété de dépôts sédimentaires qui se sont accumulés au Mésozoïque.

Revenons sur le plancher des dinosaures, à Espéraza. Eva et les autres ampélosaures vivaient au milieu d'une vaste plaine. Elle s'étendait du centre de l'Espagne jusqu'à la Provence. Au nord, elle remontait jusqu'à la Charente, mordant à l'est sur le Massif central et englobant le Bassin aquitain. Cette zone de très faible altitude était entourée d'eau. La mer venait jusqu'à Toulouse. Les Pyrénées, dont on devine aujourd'hui les contreforts du côté d'Espéraza, n'existaient pas encore. Pas plus que les Alpes. Il y a 72 millions d'années, ces zones sont immergées sous plusieurs dizaines de mètres d'eau. Elles ont commencé à se dresser il y a 50 millions d'années, lorsque l'Afrique est entrée en collision avec l'Europe. Cette chronologie explique pourquoi il n'est pas rare de trouver des fossiles marins au sommet des Alpes et des Pyrénées. La mer n'est jamais montée aussi haut ! C'est le sol qui s'est redressé. Le même phénomène est à l'origine des dalles verticales recouvertes d'ammonites à Digne-les-Bains dans les Alpes-de-Haute-Provence.

Au Crétacé supérieur, les départements de l'Aude et de l'Ariège, si vallonnés aujourd'hui, forment un immense delta. Un peu comme le sont actuellement ceux de l'Escaut ou du Danube. Un plat pays. Faute de pentes, les fleuves ont du mal à y trouver leur chemin. Ils s'y égarent, multipliant les méandres pour aller jusqu'à la mer. La couche de grès dans laquelle on a retrouvé les squelettes fossilisés d'Eva et des autres animaux préhistoriques d'Espéraza correspond au lit d'un ancien fleuve.

Quel temps faisait-il ? Des analyses réalisées sur des dents de requin, les unes fossilisées, les autres beaucoup plus récentes, ont permis de reconstituer le climat qui régnait sur terre il y a 72 millions d'années. Il y a une corrélation entre la composition de l'émail et la température ambiante. Globalement, il fait plus doux qu'aujourd'hui, bien que la planète ait connu « pire ». Il y a 100 millions d'années par exemple, la température moyenne atteint 25 °C contre 15 °C aujourd'hui.

Quoi qu'il en soit, Eva et ses congénères ainsi que toute la faune qui les entoure vivent sous un climat assurément plus chaud et plus humide que celui qui règne aujourd'hui dans la haute vallée de l'Aude. Car, à l'époque, le socle qui va engendrer l'Europe et dont n'émergent que quelques plaines, est situé 2 000 kilomètres plus au sud, à la hauteur des tropiques. Les dinosaures de la région connaissent deux saisons bien marquées : l'une sèche, l'autre humide.

Avec un tel climat, la végétation foisonne. Le cinéma et la littérature ont fait pousser dans notre imaginaire des forêts denses, dominées par les fougères arborescentes et les conifères. Cette représentation est fausse, ou pour le moins incomplète. Au Crétacé supérieur, la flore a fait un bond extraordinaire. Les gymnospermes, les plantes à graines nues, dont les conifères constituent les représentants les plus emblématiques, ne dominent plus les paysages. L'évolution a fait apparaître un nouvel « embranchement » : les angiospermes, les plantes à fleurs, qui engendrent des graines protégées par un fruit. Cette explosion est contemporaine de celle des insectes. Voilà une belle illustration du lien qui unit les uns et les autres.

Contrairement à une idée reçue, Eva et ses congénères n'évoluent pas dans un décor monochrome. Ils vivent au milieu des fleurs, des couleurs et des parfums, un paradis odorant avec en fond sonore le bourdonnement des insectes.

Une faune éclectique entoure ces herbivores placides. Des rhabdodons, de la famille des iguanodons, eux aussi herbivores et tout aussi inoffensifs. Des struthiosaures, tout hérissés de pointes : ces chars d'assaut sur pattes semblent sortir d'un codex de Léonard de Vinci. Malgré les apparences, ils n'auraient pas fait de mal à une mouche. Et puis une foule de petits dinosaures, certains pas plus gros qu'une poule, couverts de plumes pour la plupart.

Eva et ses congénères pouvaient aussi faire de mauvaises rencontres. Tomber nez à nez avec de cruels variraptors dont l'abominable portrait a été dressé au début de ce chapitre. Des tarascosaures de la famille de tyrannosauridés. Pas aussi célèbres que celui de *Jurassic Park* mais tout aussi féroces. En revanche, pas de T-rex. Ce dernier vécut plus tard, entre -68 et -66 millions d'années, bien après la fin du Jurassique.

Le danger pouvait aussi venir du ciel. Plusieurs espèces de ptérosaures, des reptiles volants, planaient au-dessus de la région. Des gobeurs d'insectes mais aussi de dangereux prédateurs. Dans ce monde d'hier, il y avait aussi des animaux d'aujourd'hui. Les paléontologues ont trouvé des squelettes de crocodiles et de tortues.

Enfin, au milieu de cette kyrielle de reptiles et de menaces en tout genre, des oiseaux et de petits mammifères essaient de survivre. Les plus gros font la taille d'un blaireau. Très discrets, ils vivent la nuit pour échapper aux dinosaures. Seuls les plus malins et les plus chanceux en réchappent : tapis dans l'ombre et tremblants de peur, nos « futurs ancêtres » attendent leur heure de gloire.

La patate du Nord

Comment Parmentier nous fit manger des pommes de terre ?

Dans les Hauts-de-France, du côté du Touquet, entre la fin juillet et le début du mois d'août, les champs se couvrent de petites fleurs violettes. Elles se dressent à une trentaine de centimètres au-dessus d'un feuillage d'un vert très profond. Des dizaines de rangs s'étirent sur des centaines de mètres. Ils sont si longs qu'une fois accroupi entre les sillons on a du mal à en voir le bout.

C'est une jolie fleur, assez belle pour qu'un roi de France accepte de la porter à la boutonnière et que sa reine la glisse dans ses cheveux. Elle n'a pas d'odeur. Elle n'attire pas les insectes. Le violet est trop dilué pour attirer les abeilles. Pour ensemencer leurs champs, les

trouve essentiellement dans le nord de la France. Elles sont facilement reconnaissables. En surface d'abord. Les autres pommes de terre qui poussent dans la région ont des fleurs blanches. Parfois, elles n'en ont pas du tout. Les leurs, vous le savez maintenant, sont violettes.

Sur l'étalage, les différences sont encore plus flagrantes. La ratte est une petite pomme de terre, légèrement incurvée. Elle fait trois ou quatre centimètres de long, la taille d'un cornichon ou d'une souris. Elle tient d'ailleurs son nom de sa ressemblance avec le rongeur. Sa peau est lisse. Quand elle roule entre les doigts, on ne rencontre aucune rugosité. Comme si elle portait sur elle la finesse de son goût. Sous sa peau, elle dévoile une chair jaune pâle qui donne envie d'y mordre à pleines dents. Il faut se retenir. Elle se déguste cuite à l'eau ou à la vapeur, avec un filet d'huile d'olive et une pincée de fleur de sel. Elle est aussi délicieuse quand elle est rissolée.

Mais dans le genre petite pomme de terre goûteuse, la championne toutes catégories reste la pomme de terre de Noirmoutier. La « bonnotte » comme on l'appelle là-bas. Elle fait partie des pommes de terre dites nouvelles, c'est-à-dire récoltées avant leur pleine maturité. On la reconnaît à l'aspect de sa peau. Il suffit de la frotter avec le pouce pour qu'elle se décolle. Elle se vend sur les marchés dès le début du mois de mai, bien avant les autres. Plantée à la Chandeleur, elle bénéficie de la douceur du climat de la côte atlantique, et d'un sol unique, sableux et régulièrement amendé avec du goémon. Une terre grise, parfois anthracite, avec une pointe de vert, suivant l'heure du jour et la couleur du ciel. La bonnotte est la pomme de terre la plus chère du monde. Un lot de cinq kilogrammes a été vendu 2 300 € chez Drouot au début des années 2 000 ! Elle est si rare. La production n'excède pas 150 tonnes, et elle n'est disponible que durant une très courte période. Fin mai, elle a disparu des étals. Il faut alors remettre ses envies à l'année suivante, car elle ne se conserve pas, son goût s'évanouit très vite. Il faut la déguster sitôt ramassée. Elle a alors une saveur de châtaigne, de sucre et de coquillage. Cuite à l'eau avec la peau, sur un morceau de pain frais à la croûte bien faite et une noisette de beurre salé, c'est une expérience à ne pas manquer. Marquez cette page et revenez-y quand les bonnottes seront de retour. En attendant, le voyage continue.

De la cordillère des Andes au Touquet

La pomme de terre est originaire des Andes, l'immense cordillère qui borde l'ouest de l'Amérique du Sud. Les conquistadors espagnols l'ont découverte au XVIe siècle à mesure qu'ils descendaient vers le sud. La « papa », c'est ainsi que l'appelaient les habitants du Nouveau Monde, était déjà cultivée il y a 10 000 ans sur les rives du lac Titicaca. Lorsque les Espagnols entrent en contact avec les Incas, elle constitue, avec le maïs, la tomate, le quinoa et les épices, la base de l'alimentation locale. Elle pousse facilement. Même sur l'Altiplano quand l'altitude dépasse 4 000 mètres et que l'amplitude thermique entre le jour et la nuit atteint 30 °C (+20 °C à midi, -10 °C la nuit). La « papa » des Incas a un autre avantage : à la différence de la bonnotte de Noirmoutier, elle se conserve très bien, ce qui permet à la population de faire des réserves d'une saison à l'autre.

Les Incas ont mis au point un procédé de conservation très efficace que les Amérindiens utilisent encore aujourd'hui. En exposant les pommes de terre tour à tour à la chaleur du jour puis au froid de la nuit, elles se déshydratent complètement. Leur volume diminue et elles finissent par faire la taille d'une noix. Si ce n'était la couleur, on pourrait les confondre car, une fois déshydratées, les « papas » devenues « chuños » sont aussi dures que le fruit à coque.

Sans eau, le processus végétatif de la « papa » est bloqué et sa valeur nutritive peut rester intacte pendant plusieurs années. Pour les consommer, il suffit de les plonger dans l'eau. La « papa » se gorge alors comme une éponge et reprend son aspect initial mais pas forcément son goût.

Les « papas » fraîches sont délicieuses. J'en ai dégusté d'excellentes au Pérou, sur l'île de Taquile, un rocher qui émerge des eaux du lac Titicaca. Elles figurent à tous les repas, accompagnant généralement le poisson pêché dans le lac. Ces « papas » ne ressemblent pas aux pommes de terre que nous consommons habituellement. Elles ont la peau jaune, rouge ou orangée. Leur chair est ferme mais elle fond dans la bouche et n'assèche pas le palais. Elle est tellement sucrée, on croirait un dessert.

Les premières « papas » qui ont débarqué sur le continent européen étaient vraisemblablement plus proches des « chuños ». Les consommateurs n'ont pas été emballés. Il faut dire qu'ils ne savaient pas trop à quoi ils avaient affaire. Difficile de donner un nom à cet aliment venu du Nouveau Monde.

Dans le sud de la France, on la désigne alors sous le nom de « truffe rouge », en raison de sa ressemblance avec le melanosporum. Le terme « pomme de terre » est utilisé pour la première fois en 1762, par le botaniste Henri-Louis Duhamel du Monceau. Le mot « pomme » laisse entendre qu'il s'agirait d'un fruit de terre. Là où cela se complique, c'est que les jardiniers classent la pomme de terre parmi les légumes à racine.

Qu'on se le dise une bonne fois pour toutes : la pomme de terre n'est pas une racine. C'est un tubercule, un réservoir d'énergie. La plante y stocke ce dont elle a besoin pour survivre aux saisons. Après avoir fleuri et produit des graines, un grand nombre de plantes, qualifiées d'« annuelles », meurent. Pas la pomme de terre. Même si la partie aérienne fane, la plante continue de vivre sous terre grâce aux réserves nutritives accumulées durant la belle saison dans les tubercules. Après l'hiver, quand les beaux jours reviennent, qu'ils soient restés en pleine terre ou qu'ils aient été mis à l'abri puis replantés, les tubercules fournissent à la plante toute l'énergie nécessaire pour qu'elle sorte à nouveau de terre, fleurisse et commence une nouvelle vie.

L'exception française

Les premières « papas » introduites sur le continent européen n'étaient pas adaptées à l'environnement. Les tentatives de culture n'ont pas été concluantes. Une question de lumière. Elles viennent des rives du lac Titicaca. L'équateur est proche. Douze heures de jour et autant d'obscurité. Au niveau des latitudes européennes, la durée du jour au printemps et en été est plus longue que sur les rives du lac Titicaca. Les premières « papas » n'ont pas apprécié.

L'ancêtre de la pomme de terre que nous consommons aujourd'hui vient donc d'ailleurs, du Chili ; plus précisé ment d'une région située à la même latitude que l'Espagne et l'Italie – côté hémisphère Sud : l'île de Chiloé. Celle-ci n'a donc eu aucune difficulté à s'acclimater dans la péninsule Ibérique, puis en Italie. En 1586, elle est à Mons en Belgique. De là, elle gagne l'Allemagne et l'Autriche. Un botaniste flamand, intendant de l'empereur Maximilien, Charles de L'Écluse, créateur du premier jardin botanique, en fait une description scientifique. À la même époque, le corsaire Francis Drake l'introduit en Angleterre. La « papa » continue de rouler sa bosse sur le continent européen et gagne des galons. En 1744, comprenant qu'elle peut se substituer aux céréales traditionnelles en cas de disette, le roi de Prusse Frédéric II en vulgarise la culture dans son pays [1]. Nous sommes à la veille de la Révolution, la pomme de terre est partout, sauf en France. À part quelques provinces de l'Est, elle ne parvient pas à franchir la frontière. Pourquoi un tel rejet ?

D'abord la peur de la nouveauté. La pomme de terre ne correspond à rien de connu. Comme personne ne songe à l'éplucher, elle garde un goût terreux. Personne ne pense non plus à l'accommoder autrement qu'en soupe, où elle n'apporte aucune saveur particulière, à la différence du chou, du navet ou des épinards. À cela s'ajoutent les superstitions en tout genre. Ce légume fait peur : un tas d'histoires rôdent autour de sa consommation. La pomme de terre, *solanum tuberosum*, est une solanacée. Cette famille se reconnaît, entre autres, au nombre de sépales que possèdent les fleurs. À ne pas confondre avec les pétales. Les sépales forment une couronne à la base de la fleur, juste en dessous des pétales. Chez les solanacées, elles sont au nombre de cinq.

1. La manière est un peu forte, il promet de couper les oreilles à ceux qui n'écoutent pas son injonction. L'histoire a montré que cette décision a permis de remplir davantage d'estomacs qu'elle n'a provoqué de chutes d'oreilles. La pomme de terre a sauvé de plusieurs famines la population du Brandebourg notamment.

Les solanacées ont une très mauvaise réputation. En cause, certains membres de la famille, la belladone notamment. Tout le monde sait que cette plante fait partie de l'arsenal des sorcières. Elles l'utilisent pour composer des poisons mortels ou provoquer des hallucinations. La mandragore, dont on prétend qu'elle pousse sous le cadavre des pendus, engendrée par la semence du supplicié, fait aussi partie de la famille. Ces membres peu recommandables ne plaident pas pour l'adoption de la pomme de terre dans l'alimentation. Du coup, tout ce qui compte cinq sépales est regardé d'un mauvais œil. D'autres plantes souffrent de cette association : la tomate, l'aubergine. Le piment en revanche est épargné, sa valeur marchande ayant eu raison des peurs. Puisque la peau de la pomme de terre se lève et craquelle quand on la met dans le feu, on en déduit aussi – en vertu de la théorie des signatures très répandue à l'époque, qui suppose que l'on retrouve sur l'homme des effets visibles sur la plante – que sa consommation peut provoquer la lèpre. En 1748, alors qu'elle sauve des vies en Prusse, le parlement de Paris décrète l'interdiction de la culture de la pomme de terre, considérant qu'elle est néfaste pour la santé.

Pourquoi les autres pays ont-ils réussi à vaincre ces réticences ? Objectivement, les consommateurs anglais, allemands, suisses, espagnols ou italiens n'étaient pas moins difficiles que leurs homologues français. Quant aux sorciers, ils élaboraient, partout en Europe, leurs recettes maléfiques à partir des mêmes ingrédients. En fait, la France du XVIIIe siècle est engoncée dans ses habitudes. La crainte de la disette bloque toute tentative de nouvelle culture. Pourquoi la pomme de terre s'en sortirait-elle mieux que le blé face à une mauvaise saison ?

Au XVIIIe siècle, l'économie nationale repose en grande partie sur le pain, l'aliment de base des Français. Du blé au boulanger, une foule d'intermédiaires prend sa part du gâteau. Dans *La Fabuleuse Odyssée des plantes*[1], Lucile Allorge en dresse la liste : « Du labour à la semence, de la semence à la moisson, de la moisson au moulin et du moulin à la boulangerie, mille un intermédiaires surgissaient, jonglant avec les prix et les privilèges, ramassant chacun son petit bénéfice... Chacun croyait y trouver son compte. Mais, à la moindre fluctuation climatique, gel tardif, été pourri, seuls les deux bouts de la chaîne en subissaient les conséquences : le paysan et le consommateur. » En attendant, tout est fait pour que, ni la pomme de terre ni un aucun autre légume ne détrône le blé.

Un pharmacien, Antoine-Augustin Parmentier, va retourner la situation. Son nom, attribué au célèbre plat qui combine pomme de terre et viande hachée, illustre le succès de l'opération. Pour parvenir à ses fins, il a dû faire preuve de pugnacité, utiliser ses connaissances, user de stratagèmes et aussi d'un peu de malice. Coïncidence, il est né à Montdidier, dans l'actuel département de la Somme, dont l'économie repose aujourd'hui en partie sur la culture de la pomme de terre. En 1772, il est pharmacien à l'hôtel royal des Invalides qui accueille et soigne les blessés de guerre.

L'Académie des sciences de Besançon a lancé un concours visant à trouver des végétaux susceptibles de remplacer le blé en cas de disette. Celle-ci a frappé le pays en 1709 puis en 1725. En 1740, 1750, 1760 et 1767, les récoltes ont été médiocres. Tous les agronomes et les botanistes sont à pied d'œuvre pour que le royaume ne

1. *Op. cit.*

soit plus à la merci des famines. Parmentier s'inscrit au concours avec sa « pomme de terre ». Face aux réticences de l'assemblée, ses arguments font mouche : il laisse parler son cœur, ses expériences, non seulement scientifiques, mais aussi humaines.

Avant de se pencher sur la composition chimique du tubercule, le pharmacien a fait la guerre. Il s'est engagé comme sous-aide apothicaire aux armées. Durant la guerre de Sept Ans (de 1756 à 1763), il est fait prisonnier. En captivité, la gamelle est triste. C'est à cette occasion qu'il découvre la pomme de terre. Durant des semaines, Parmentier et ses compagnons d'infortune n'auront que cela à se mettre sous la dent. Dans son mémoire, adressé à l'Académie des sciences de Besançon, il note : « Nos soldats ont considérablement mangé de pommes de terre dans la dernière guerre, ils en ont même fait excès sans avoir été incommodés. Elles ont été ma seule ressource pendant plus de quinze jours et je n'en fus ni fatigué, ni indisposé. » Son plaidoyer est sans appel. Il est lauréat du concours. Un an plus tard, l'Académie de médecine de Paris est à son tour convaincue. La pomme de terre est réhabilitée et désormais officiellement comestible.

Comment Parmentier a-t-il réussi à persuader la communauté scientifique ? Dès son retour de captivité, il a entamé des travaux de recherche sur la chimie alimentaire, en particulier sur la composition de la pomme de terre. Il a découvert qu'elle contient 80 % d'eau et 20 % d'amidon, autrement dit du sucre, du glucose plus précisément, un carburant essentiel pour l'organisme. La pomme de terre en contient 3 à 5 fois plus que la plupart des légumes. Contrairement aux idées reçues de l'époque, chaque pomme de terre est un cadeau de la nature.

Le glucose est produit lors de la photosynthèse, quand la plante, grâce à l'énergie de la lumière, recombine l'eau et le CO_2 dont elle a fait provision. Les molécules de glucose forment de longues chaînes, plus connues sous le nom d'amidon. Aujourd'hui, quand on observe la chair d'une pomme de terre au microscope, l'amidon apparaît sous la forme de petits grains, prisonniers à l'intérieur des cellules. Sous cette forme, l'organisme ne peut pas assimiler le glucose qui compose l'amidon. Les molécules sont beaucoup trop proches les unes des autres. Parmentier précise qu'il faut la faire cuire pour la consommer. Sous l'effet de la chaleur, l'eau se glisse entre les molécules, permettant aux enzymes de notre système digestif de découper l'amidon et de récupérer le glucose.

Le roi de la pomme de terre c'est… Louis XVI

Reste à convaincre les consommateurs. Parmentier a beau publier ses résultats, ses recommandations et celles de la faculté de médecine ne sont suivies d'aucun effet. Il va donc falloir ruser. La pièce se joue en trois actes. En 1786, Louis XVI est en visite aux Invalides. Le roi, qui s'intéresse aux questions scientifiques et techniques, est aussi très attentif aux progrès de l'agronomie. Parmentier l'entreprend sur le sujet. Le souverain comprend l'intérêt d'introduire le tubercule sur le territoire français. Il faut convaincre tout le monde, les grands comme le peuple. Ensemble, ils mettent au point un stratagème. Pour attirer l'attention de la cour, le roi s'engage à porter à la boutonnière, la veille de la Saint-Louis, un rameau de fleur de pomme de terre. La reine en glissera dans ses cheveux. Au banquet, un mets nouveau est servi : la « parmentière ». L'effet escompté se produit, la plante se trouve soudain auréolée de prestige. Elle n'est plus faite que pour les cochons. Fin du premier acte.

En 1788, toujours avec l'accord du roi, Antoine-Augustin Parmentier fait planter quelques arpents de pomme de terre dans la plaine des Sablons, ce qui correspond aujourd'hui à l'avenue de la Grande-Armée à Paris. Après quelques mois, quand Parmentier estime que les tubercules sont parvenus à maturité, la troupe s'installe devant les champs pour surveiller les plantations. Dans Paris, la rumeur commence à circuler : « On ne fait pas venir la garde pour rien. Ces végétaux doivent avoir de la valeur. » Comme prévu, à la nuit tombée, les soldats abandonnent leurs postes, laissant les pommes de terre sans surveillance. La tentation est trop grande. Les Parisiens se précipitent, arrachent les pommes de terre. En quelques heures, le champ est dépouillé et les pommes de terre disséminées dans tous les quartiers de Paris. On en cuisine une partie. C'est bon ! Le reste est réservé pour être replanté. Le bouche à oreille fait le reste.

Le troisième acte est plus long. En 1789, l'ouverture des états généraux met à mal le pouvoir absolu de Louis XVI. Parmentier ne baisse pas les bras. Il continue de faire la promotion de la pomme de terre. Il convie tout le « gratin » parisien et d'ailleurs à sa table : Lavoisier, Vilmorin la dégustent pour la première fois. Thomas Jefferson, qui figure au nombre des convives, évoquera à son retour en Amérique « la délicieuse façon qu'ont les Français de faire cuire les pommes de terre dans l'huile ». Il est probablement l'un des premiers à employer l'expression « *French fries* ».

La pomme de terre a longtemps été classée parmi les « sucres lents ». Les nutritionnistes faisaient référence au temps supposé nécessaire à l'organisme pour assimiler l'amidon. Plus long *a priori* que pour le saccharose, le sucre contenu dans les friandises, que l'on qualifie par opposition de « sucre rapide ». Aujourd'hui, les nutritionnistes pensent que cette distinction est erronée. Des études ont montré que tous les sucres étaient assimilés à la même vitesse. On parle d'index glycémique. Plus il est bas, mieux c'est. La pomme de terre qui contient de l'amidon fait partie de cette catégorie. Ce qui la rend plus que jamais respectable.

Du point de vue historique, la pomme de terre reste un légume lent à digérer. Après avoir été considérée comme un aliment maudit, elle a mis 250 ans pour s'implanter dans les jardins et les campagnes françaises. Plus de 300 ans pour que sa culture s'intensifie.

Aujourd'hui, c'est le légume préféré des Français. Nous en consommons 50 kilogrammes par an et par personne.

« Peler une pomme de terre bouillie de bonne qualité est un plaisir de choix », souligne le poète Francis Ponge.

Les petites vaches des Alpes

Pourquoi la nature leur fait porter des lunettes ?

On raconte aux enfants qui vont à la montagne pour la première fois qu'une drôle de créature vit sur les pentes. L'animal est craintif et agile. De mémoire de montagnard, nul n'est jamais parvenu à l'approcher. Les preuves de son existence reposent principalement sur des témoignages de bergers ou de chasseurs qui l'auraient aperçu en lisière de forêt.

Plusieurs fois, quand ils étaient petits, mes fils m'ont assuré que le moniteur de ski leur avait montré des traces et qu'il ne faisait aucun doute qu'il s'agissait du dahu, les empreintes laissées par la créature ne pouvant pas être confondues avec celles d'un autre animal. Le dahu ressemble comme deux gouttes d'eau à un chamois : même taille, même petite tête surmontée chez les mâles de deux bois fins qui, à l'image de tous les cervidés, tombent à la fin de l'hiver et repoussent en été. Pour les spécialistes locaux, il s'agit probablement d'une sous-espèce de chamois. Pour autant, il est impossible de le confondre avec son supposé cousin. Le dahu affiche une silhouette très particulière. Un cas unique chez les mammifères. Les pattes avant et arrière, situées sous le flanc droit, sont plus courtes que celles situées sous le flanc gauche. Ce dimorphisme latéral lui permettrait de se déplacer plus aisément dans la pente, l'obligeant toutefois à toujours aller dans le même sens sous peine, dans le cas contraire, de perdre l'équilibre.

Personnellement, j'ai ma petite idée sur le sujet. Mes fils qui ont beaucoup grandi depuis partagent le même avis. Je crois cependant qu'il faut laisser l'imaginaire labourer le cerveau et du temps à l'esprit de déduction et au bon sens pour qu'ils y tracent leur sillon.

Un animal plus fabuleux que le dahu

Le plus étonnant dans cette histoire, c'est que l'on soit obligé d'aller chercher dans l'imaginaire une part d'extraordinaire qui existe déjà dans la nature. Un autre animal fabuleux vit dans la montagne, lui aussi parfaitement adapté au relief et à l'environnement. Il est doté de deux cornes, mais il est plus massif que le dahu et moins farouche. Il ne redoute pas la présence humaine. Au contraire, il la sollicite plusieurs fois par jour. J'en parle au masculin mais c'est la femelle qui, au sein de l'espèce en question, a retenu mon attention : une vache, mais pas n'importe laquelle, une tarentaise.

Vivant de plus en plus en milieu urbain (80 % des Français habitent en ville), nous sommes nombreux à penser qu'en dehors de la robe, toutes les vaches sont identiques. En réalité, c'est beaucoup plus subtil. Nos vaches sont le fruit d'une sélection menée par les éleveurs depuis environ 9000 ans, depuis que l'homme est passé du statut de chasseur-cueilleur à celui d'éleveur-agriculteur. Tout est parti de l'aurochs, bovin ancestral, animal sauvage qui arpentait déjà les prairies du continent européen et de l'Asie centrale il y a 2 millions d'années. La bête était réputée houleuse, rien à voir avec les paisibles animaux qui paissent dans nos prés.

À force d'observation et sûrement d'une bonne dose de courage, nos ancêtres ont sélectionné les spécimens les plus dociles et les mieux adaptés au milieu qu'ils occupaient. La tarentaise illustre à la perfection l'aboutissement de cette sélection et la parfaite acclimatation d'un animal à son milieu. Cette vache est sculptée pour la montagne.

Je l'ai souvent croisée sur les petites routes des Alpes ou le long des sentiers de randonnée. Vous pouvez aussi l'apercevoir dans les Pyrénées, dans les Vosges ou le Massif central. La tarentaise est en effet si bien adaptée aux reliefs que, au début du XXe siècle, son élevage s'est étendu à tous les massifs montagneux.

La tarine, c'est ainsi que la nomment les experts, est également présente chaque année au Salon de l'agriculture. Elle en a même été l'égérie en 2014. Sa frimousse, surmontée de deux jolies cornes en forme de lyre, a été placardée sur les bus et s'est promenée dans les rues de Paris pendant une quinzaine de jours. Ceux qui l'ont vue le savent : nul ne peut rester insensible à son charme, mais ce n'est pas ainsi qu'elle a séduit les éleveurs montagnards.

La prochaine fois que vous vous trouverez en tête à tête avec elle, prenez le temps d'observer sa silhouette en détail. C'est une petite vache. Un mètre quarante au sacrum. Chez la plupart des animaux, la taille se mesure au garrot, c'est-à-dire à la base du cou, chez la vache elle est évaluée au niveau du bassin. La tarentaise est légère. Environ 500 kilogrammes, certaines de ses cousines font presque le double. Du coup, elle n'a pas de lourde carcasse à hisser ou à descendre dans les pentes. Le risque de se rompre un bras ou une jambe (ce sont les termes utilisés pour désigner les membres du cheval, j'en fais personnellement usage pour la tarentaise, car elle en a l'élégance) est beaucoup plus faible.

Ses sabots ont la réputation d'être très solides, adaptés à toutes formes de terrain, boueux ou rocailleux. Pour les non-initiés sa couleur fauve permet de l'identifier facilement au milieu du troupeau. Mais c'est surtout son masque qui la différencie des autres et qui illustre la merveilleuse alliance du génie de la nature et du talent de l'homme.

Les yeux dans les bœufs

Regardez bien ses yeux, et ne vous laissez pas attendrir par le battement de ses grands cils. Attardez-vous sur le contour des orbites. Le pelage à cet endroit est beaucoup plus brun, presque noir, tirant sur le bleu marine. Simple surlignage au niveau de l'arcade, cette auréole s'étale sur une dizaine de centimètres sur la paupière inférieure, avant de s'estomper et de totalement disparaître. Notre vache donne l'impression de s'être maquillée. C'est probablement ce qui la rend aussi élégante et séduisante... Cette caractéristique physique n'est pas exclusive à la tarentaise, elle ressort aussi chez la montbéliarde. Ce n'est pas le seul caractère que partagent ces deux bovins et ce n'est donc pas un hasard si on les retrouve côte à côte dans les troupeaux montagnards.

Globalement, la robe de la montbéliarde est blanche, maculée de grandes taches brunes. La tête est également blanche et les yeux entourés d'un pelage sombre. Les éleveurs parlent de « lunettes ». Ils ont raison. J'ajouterais même que ce sont des lunettes de soleil. Car telle est la fonction de ces disques. Ils protègent les yeux de la tarentaise et ceux de la montbéliarde de la réverbération des rayons du soleil.

Ces vaches vivent en altitude, elles passent une grande partie de leur temps sur des versants exposés à la lumière. À cause de la pente, le rayonnement y est plus fort qu'en plaine. Au printemps, quand elles sortent de l'étable et qu'elles montent dans les alpages, ce phénomène est encore plus marqué. La neige n'a pas totalement fondu. Il reste par endroits des plaques sur lesquelles la lumière se réverbère. C'est ce qu'on appelle l'effet albédo. Pour la plupart des mammifères, y compris l'être humain, c'est éblouissant. Pour certaines vaches, celles qui ont une robe totalement blanche, c'est même très inconfortable, car l'effet albédo se produit aussi sur le pelage clair. La lumière qui vient frapper autour de l'œil est réfléchie. Une partie des rayons est alors renvoyée vers le globe oculaire. Le phénomène est très désagréable et dangereux à la longue.

Dans de pareilles conditions, nous, les bêtes humaines, avons un réflexe : nous chaussons des lunettes de protection solaire. Les vaches, malheureusement, n'ont pas cette opportunité. Si, d'aventure, vous croisez une vache au pelage clair vivant à la montagne – elles ne sont pas nombreuses –, observez bien ses yeux. Ils pleurent, non de tristesse mais pour se protéger. Les tarentaises et les montbéliardes ne connaissent pas ce désagrément. Leurs lunettes les protègent en permanence de l'agression du soleil. Elles ne pleurent pas ; au contraire, elles semblent sourire. On pense bien sûr à leur riante et rouge congénère qui s'affiche depuis bientôt un siècle sur les boîtes et l'emballage du célèbre fromage fondu, dont les portions enveloppées dans du papier d'aluminium sont passées entre les mains de tous les enfants. Benjamin Rabier n'a laissé aucun témoignage sur l'origine de la vache qui lui a servi de modèle pour dessiner la sienne. Il n'est pas inconcevable que sur son chemin il ait croisé une tarentaise ou une montbéliarde qui lui ait tapé dans l'œil. Précisons cependant que si la société Bel, qui produit la Vache qui rit, est implantée dans le Jura, territoire de la tarentaise et de la montbéliarde, le dessin de Benjamin Rabier n'était pas destiné à l'origine à orner une boîte de fromage mais des camions de ravitaillement durant la Première Guerre mondiale. Léon Bel, affecté à l'un de ces régiments, a ensuite réutilisé cet emblème pour identifier son fromage. Un coup de maître.

Je n'ai rien contre le fromage fondu, mais la tarentaise et la montbéliarde ont trouvé des terrains plus favorables pour mettre en valeur la qualité de leur lait. Il se distingue des autres par sa richesse en matières grasses. Dans le massif des Aravis, du côté de La Clusaz, on l'utilise pour fabriquer le reblochon.

Équipées de leurs sabots et de leurs lunettes, elles peuvent monter dès les premiers beaux jours dans les alpages. Elles franchissent les dernières plaques de neige et commencent à brouter l'herbe tendre de façon méthodique. Graminées, fleurs sauvages, après des mois à l'étable, elles ne font pas la différence. D'un coup de langue, elles composent un bouquet coloré de potentilles, de marguerites, de gentianes et de campanules qu'elles engloutissent sans le moindre scrupule. Elles auront le temps de ruminer leur geste.

Une autre prédisposition physique leur a permis de grimper jusque-là et d'atteindre des zones difficilement accessibles : une mamelle de taille modeste, rien à voir avec la citerne pendante qui embarrasse l'abdomen des Prim' Holstein. Elle est si volumineuse que les vaisseaux sanguins dessinent sur la peau tendue des chemins semblables à ceux d'une carte routière. La mamelle menue et la jambe légère, la tarentaise peut gambader où les autres ne vont pas. Son petit volume lui permet d'enjamber les buissons et les rochers pour atteindre les touffes d'herbe les mieux cachées sans risque de se griffer ou de se blesser.

De la rumination au reblochon

Une fois repue, la tarentaise fait comme toutes ses congénères : elle se trouve un coin tranquille, et se couche pour digérer. Dans sa bulle, elle rumine, comme si elle mâchait du chewing-gum. L'herbe avalée sans avoir été mastiquée remonte vers la bouche où elle est imbibée de salive et broyée. Chaque brin est déchiqueté, réduit en petits morceaux de quelques millimètres. Puis, la nourriture retourne là d'où elle vient : dans la panse. Des micro-organismes prennent le relais. Ils permettent à la vache de réaliser ce que nous sommes incapables de faire : dégrader la cellulose de l'herbe. Ces allers-retours ne prennent fin qu'une fois l'herbe réduite en bouillie. Un brin d'herbe peut passer jusqu'à 48 heures dans la panse de la vache. De son côté, la vache rumine entre 8 et 12 heures par jour. Pendant ce temps, une partie des nutriments franchit la paroi de la panse et circule dans les vaisseaux sanguins jusqu'à la mamelle. Ils entrent dans la composition du lait. L'histoire du reblochon a déjà commencé.

Puis la porte du feuillet s'ouvre. Il s'agit de la troisième des quatre poches de l'estomac de la vache. On l'appelle ainsi parce qu'il ressemble à un millefeuille. Les lamelles agissent comme un filtre ne laissant passer vers la caillette que les morceaux les plus fins. C'est la dernière étape. L'équivalent de notre estomac, là où les sucs gastriques entrent en action. Un bain d'acide chlorhydrique et d'enzymes pour finir le découpage de la cellulose et l'extraction des nutriments.

Les archéozoologues (les scientifiques qui étudient l'histoire des relations des hommes avec les animaux) s'interrogent encore sur les raisons qui ont poussé l'homme à domestiquer l'espèce bovine. Longtemps, on a pensé que nos ancêtres avaient trouvé ainsi le moyen de constituer des stocks de nourriture immédiatement disponibles. De la viande en quasi libre service. Plus la peine de chasser. Le supermarché préhistorique. De là la sédentarisation, la sélection des sujets les plus dociles, le passage de l'état de chasseur-cueilleur à celui d'éleveur-agriculteur... Aujourd'hui, des archéozoologues avancent que notre ancêtre n'a pas été guidé par son goût pour la viande mais par celui pour le lait et le fromage. Impossible en effet d'accéder à cette boisson riche en protéines sans domestication. L'invention du fromage serait concomitante, elle aurait même précédé l'intérêt de nos aïeux pour le lait. Imaginez, un jeune aurochs est abattu, un animal blessé ou perdu. Il est dépecé. On arrive aux viscères. Que trouve notre ancêtre dans le feuillet de la dépouille ? Du lait, qui, au contact de l'acide chlorhydrique, a coagulé. L'ancêtre est téméraire ou bien affamé, parce qu'il arrive après les autres. Il teste, il porte la masse granuleuse à sa bouche. Elle est comestible. Qui plus est, elle se conserve, contrairement au lait.

L'homme a beau être vêtu d'une peau de bête, il n'est pas idiot, il sait la promesse d'un jeune animal. Une fois adulte, sa viande nourrira toute une tribu pendant plusieurs jours. Pas question de se ruer sur les jeunes, et de décimer les troupeaux. La texture et l'onctuosité de cette pâte lui ont pourtant laissé un bon souvenir. Il veut reproduire ce qu'il a vu et goûté. Alors il observe, expérimente. Lui ou un autre, de sa tribu ou d'un clan différent, a arraché quelques lambeaux de la poche qui contenait la nourriture.

Et voilà qu'un morceau de cette outre, plus tard baptisée « caillette », se retrouve dans du lait, par hasard ou par intuition. Au contact du tissu, le lait coagule. Il caille. Le processus de transformation du lait en fromage est engagé. Il s'agit d'une réaction chimique. Le lait est constitué d'eau, de protéines – de la caséine, qui est à l'origine de la couleur blanche du liquide. Il contient aussi des matières grasses et du lactose, une forme de glucide dont on se passerait bien. C'est lui qui rend le lait indigeste pour certains d'entre nous, les adultes principalement. Enfant, notre métabolisme produit de la lactase, une enzyme qui agit comme de petits ciseaux. Elle permet de dégrader le lactose. En devenant adulte, le gène qui commande la production de lactase s'éteint. Voilà pourquoi certains d'entre nous, dès l'adolescence parfois, ont du mal à le digérer. Quant au calcium, indispensable à la croissance de nos os ou au renouvellement des cellules osseuses, il est également très présent dans le lait, fixé aux molécules de caséine.

Au contact des enzymes présentes sur le lambeau de caillette, les différents composants du lait sont séparés les uns des autres. Les protéines se rassemblent et emprisonnent les matières grasses. Le lait prend la consistance d'un gel. C'est le caillé. L'eau et le lactose forment de leur côté ce qu'on appelle le petit-lait. Le caillé est égoutté. Privées d'eau, les bactéries s'y développent beaucoup moins vite que dans le lait. Dépourvu de lactose, il devient aussi beaucoup plus digeste.

Il y a 9000 ans, en transformant le lait, en n'utilisant que des agents biologiques, des enzymes, notre ancêtre utilisait déjà ce que nous appelons pompeusement aujourd'hui les biotechnologies. Depuis, les savoir-faire se sont affinés. D'autres expériences qui n'en portaient pas le nom ont été conduites. Parfois fruits du hasard, elles ont aussi été motivées par les climats, les reliefs et les usages locaux. Le reblochon en est un excellent témoin. « Reblocher » signifie « refaire » en vieux français. Sous l'Ancien Régime les paysans du Dauphiné payaient un impôt sur le lait. Après chaque traite, le percepteur contrôlait les quantités et en prenait une partie. Pour contourner l'impôt, les paysans n'effectuaient qu'une traite partielle. Dès le départ du percepteur, ils « reblochaient ». Ils obtenaient un lait dont ils faisaient cet excellent fromage que nous connaissons désormais sous le nom de reblochon.

La contribution des tarentaises et des montbéliardes à sa fabrication ne se limite pas à la fourniture des matières premières. Longtemps on a pensé que l'herbage brouté dans les alpages enrichissait le lait en précurseurs aromatiques qui, sous l'action des ferments lactiques et du temps, se transformaient et se combinaient pour donner naissance à des saveurs et des arômes typiques. Des analyses ont été réalisées par des laboratoires spécialisés. Les résultats sont sans appel : grâce à leur métabolisme et à la qualité de l'herbage, la tarentaise et la montbéliarde produisent un lait très riche en matières grasses ; en revanche il n'y a point de parfum, pas la moindre trace de violette ou de géranium dans le lait. Pourtant, la végétation d'altitude joue un rôle déterminant dans l'élaboration des saveurs. En se couchant dans l'herbe, la cage thoracique, l'abdomen et la mamelle de la vache entrent en contact avec une flore spécifique. De celle-ci on ne fait aucun bouquet. En tout cas, pas le genre de bouquet qui se donne en guise de présent. Ce bouquet s'offrira dans le futur. Il est composé d'une flore invisible à l'œil nu, les milliards de micro-organismes, présents uniquement à cette altitude sur la végétation et dans le sol. Ces micro-organismes se fixent sur les poils de l'animal, sur les mamelles et les trayons. Avec le retour des vaches dans la vallée au début de chaque automne et la distribution du fourrage qui a été fauché dans les alpages, ils ont colonisé les murs de l'étable. Ils sont souvent là depuis des générations, formant une population invisible au milieu de laquelle grouille une vie insoupçonnée.

À l'intérieur du pis, dans le petit conduit qui l'amène vers l'extrémité du trayon, le lait est parfaitement stérile. Mais au moment où il franchit cette barrière, des millions de micro-organismes venus du trayon et de l'atmosphère ambiante s'y précipitent. Au cours des différentes étapes de la fabrication du fromage, de la montée en température notamment, un certain nombre vont disparaître. Mais pas tous. Ce sont ceux qui vont s'installer durablement qui vont façonner le parfum et les saveurs du fromage.

Ma chère tarentaise n'est pas montée pour rien tout là-haut. Sans ses sabots et ses lunettes, jamais elle n'aurait pu croiser cette flore indispensable à l'élaboration du reblochon et nous serions privés de bien des saveurs : cette leçon vaut bien un fromage, sans doute.

Une odeur de propre

Pourquoi le savon est né à Marseille ?

Paris-Marseille : trois heures en TGV. Une belle prouesse. Mais il y a mieux : quelques secondes seulement en se penchant au-dessus d'un bloc de savon et en respirant profondément. Les odeurs ont le pouvoir extraordinaire de nous transporter dans le temps et dans l'espace, en faisant parfois des détours inattendus.

Tout commence par un cube de savon d'une dizaine de centimètres de côté. Il ne tient pas très bien dans la main. Il manque de prise. Même lorsqu'il n'a pas été utilisé, les reliefs creusés dans la masse ne sont pas assez profonds pour que les doigts s'y agrippent. Une fois mouillé, c'est pire. Les aspérités disparaissent, ce qui rend l'exercice encore plus périlleux. Et inutile de serrer davantage. La mince pellicule qui s'est formée à la surface agit comme un lubrifiant. Il suffit alors d'un angle de quelques degrés pour que les lignes horizontales et verticales se transforment en plans inclinés et que, sous la pression, le bloc nous échappe.

Il faut le manier avec délicatesse, sans geste brusque. Frotter une paume, puis l'autre. Revenir à la première et ainsi de suite. Quand le savon ne glisse plus sur la peau, il est temps de le déposer dans son réceptacle et de faire couler un filet d'eau au-dessus des mains. Elles entament alors leur ballet le plus connu. Le plat de la main droite glisse sur le dos de la gauche, s'enroule sur la tranche tandis que les doigts vont chercher le creux de l'autre main, la gauche enveloppe le pouce de la droite avant de se lover dans la paume de sa comparse. Une gestuelle mécanique apprise tout petit, en observant les aînés, jusqu'à ce qu'elle devienne parfaitement naturelle.

Une mousse blanche, d'abord aérienne puis de plus en plus serrée, se forme à la commissure des pouces et des index. La ronde cesse. Les mains s'ouvrent enfin. Quelque chose traîne dans l'air. La sensation, à peine perceptible lorsque les mains roulaient l'une sur l'autre, est devenue omniprésente lorsqu'elles ont cessé leurs contorsions et qu'elles se sont ouvertes.

Je connais cette odeur. Grâce à l'humidité et à la chaleur corporelle, des molécules volatiles se sont échappées du savon et répandues dans l'atmosphère. Certaines se sont glissées à l'intérieur de mes narines. Elles ont atteint les plis de la muqueuse olfactive puis se sont logées dans les récepteurs qui la tapissent, déclenchant instantanément un signal électrique qui court le long du nerf olfactif jusqu'au cerveau. Comme des clés glissées dans des serrures, elles viennent d'ouvrir les portes de ma mémoire. Planté devant le lavabo, le regard perdu dans le vide du miroir, je suis dans une bulle. Les années défilent.

J'ai quatre ou cinq ans, un matin, au cœur l'été, si j'en crois la lumière qui baigne mon souvenir. Elle n'écrase pas le paysage, elle est encore cristalline et donne de l'éclat au bleu du ciel. Je garde une image très nette des rayons traversant le feuillage des arbres, des taches vertes acidulées qu'ils formaient en touchant les buissons le long du chemin qui descendait au lavoir.

Mes grands-parents vivent à la campagne. Dans un petit village au fin fond du bocage vendéen. Il existe une expression très imagée, qui emprunte au vocabulaire anatomique et grivois, désignant l'extrémité du système digestif pour décrire ce genre d'endroit un peu perdu. À la fin des années 1960, dans cette campagne « reculée », ma grand-mère lave toujours son linge à la main.

Elle le rassemble dans un grand drap dont les coins sont réunis et noués, comme un balluchon suspendu au bec d'une cigogne. Le chargement est placé sur une brouette prévue à cet effet. Elle doit être réservée à cet usage depuis très longtemps. À force de transporter le linge mouillé, le bois est devenu lisse et gris, comme du bois flotté.

Je grimpe au sommet du chargement et le cortège démarre. Durant tout le trajet, je suis chargé d'une mission de la plus haute importance, veiller sur le contenu d'un panier en osier : une brosse en chiendent, un battoir – une sorte de grosse spatule – et un savon de Marseille. Il faut compenser le balancement de la brouette. Pas question que le savon passe par-dessus bord et roule sur le sol. De petits cailloux s'y incrusteraient et rendraient le lavage impossible et relégueraient le savon au nettoyage des mains. Je suis concentré sur ma tâche et ma grand-mère est rassurée. Elle a trouvé un excellent moyen pour sécuriser sa cargaison, linge et petit-fils.

Arrivé au lavoir, le chargement est déballé, la lessive commence. L'une après l'autre, les pièces d'étoffe sont plongées dans l'eau. Ma grand-mère a retroussé ses manches. Agenouillée sur la margelle, les jambes calées sous une planche de bois inclinée, elle se penche, puis se redresse en levant les bras. L'eau dégouline en faisant un bruit de cascade. Elle s'y reprend à plusieurs fois en faisant d'amples mouvements pour que la toile soit correctement mouillée.

Le linge s'entasse sur le côté. Puis, commence le savonnage. Chaque pièce est étalée sur la planche et, d'un geste vif, ma grand-mère fait glisser le savon à la surface. Tantôt en allant et venant, tantôt en dessinant des cercles, insistant à la moindre tache. La pièce est ensuite repliée sur elle-même. Ma grand-mère l'écrase, la malaxe, la frappe avec son battoir. Parvenue à bout de son tas de linge, elle rince à grande eau. À nouveau des gestes amples mais plus énergiques, comme si elle voulait le ranimer, ponctuant l'opération en mettant chaque pièce dans la lumière, pour effectuer une dernière inspection. Enfin, de ses deux avant-bras qu'elle fait pivoter en sens inverse, elle essore.

Pendant ce temps, l'odeur du savon de Marseille se répandait autour d'elle et s'incrustait définitivement dans ma mémoire. Une odeur singulière, difficile à définir, mais identifiable entre mille. Les autres savons sentent la rose ou le jasmin. Le savon de Marseille, lui, n'a aucun lien avec le monde végétal. Il sent le propre.

La bulle marseillaise

Le savon est fabriqué à Marseille depuis un peu plus de 700 ans, et depuis tout ce temps, ce sont à peu près les mêmes ingrédients qui sont utilisés : de l'huile d'olive, de la soude, un peu de mistral et de tramontane et surtout beaucoup de temps. Uniquement des produits locaux. À l'origine, les olives étaient récoltées dans la région, quant à la soude, elle était obtenue à partir des cendres provenant de la combustion de plantes du littoral méditerranéen. Avant de désigner un produit chimique, « soude » était un terme générique qui s'appliquait à la végétation des bords de mer. Quant au temps, on dit qu'on sait le prendre en Provence. Autrement dit, il n'y a qu'à Marseille que l'on pouvait inventer le savon de Marseille.

Ce n'est pourtant pas le premier savon à avoir été confectionné. Avant, il y a eu celui d'Alep, le premier savon « dur » dont l'origine remonte à 3 500 ans. Puis, d'innombrables pâtes plus ou moins efficaces, obtenues ici ou là, en mélangeant des cendres et de la graisse. Au Moyen Âge, la recette marseillaise lave bien, et cela commence à se savoir. De pleines charrettes prennent la direction du nord, tandis que, sur le port, on remplit les cales des navires. Les savons partent pour Venise, d'où ils sont distribués dans tout le bassin méditerranéen. Pour ceux qui en font le commerce, cela sent bon les bénéfices.

À la fin du XVIIe siècle, Marseille compte 7 fabriques, d'où sortent chaque année 2 000 tonnes de savon et, un siècle plus tard, ce sont 49 savonneries qui produisent 76 000 tonnes. Le savon s'utilise alors uniquement pour nettoyer le linge et les sols. À l'époque, la toilette se fait avec de l'eau de Cologne, car l'eau inspire la méfiance. Elle n'a pas toujours bon goût et, depuis l'invention du microscope, on sait qu'une foule d'organismes minuscules s'y débattent. Comme on redoute qu'ils ne franchissent la barrière de la peau et ne se développent à l'intérieur des fluides corporels, on évite le contact avec l'eau.

Malgré un usage limité, la bulle de savon marseillais s'envole. Le succès est tel qu'il fait tourner les têtes. Les contrefaçons se multiplient. Pour faire mousser leurs affaires, des artisans peu scrupuleux, et manquant sûrement d'amour-propre, contournent la recette. L'huile d'olive coûtant cher, ils la remplacent par des graisses animales. Des plaintes arrivent jusqu'aux oreilles du roi. Comme son peuple, Louis XIV n'utilise pas de savon, mais il comprend que ces pratiques vont finir par salir la réputation du savon de Marseille et de la ville tout entière. Il demande donc à Colbert de faire le ménage.

En octobre 1688, un édit dresse la liste précise des ingrédients qui entrent dans la composition du savon de Marseille : « On pourra se servir dans la Fabrique de savon, avec la bariole, soude ou cendre, d'aucune graisse, beurre ou autre matière, mais seulement des huiles d'olives pures et sans mélange de graisse, sous peine de confiscation des marchandises. » Le texte précise également que le savon doit être « cuit à la perfection », qu'il est interdit d'en produire entre les mois de juin et de septembre, que l'huile d'olive ne doit pas avoir été récoltée après mai, et que « les fenêtres, là où sont mis au séchage les pains de pâte, ne doivent jamais être fermées ». Quiconque enfreint l'édit risque de se faire passer un savon et de recevoir quelques coups de bâton. Et s'il récidive, il sera chassé de Provence. Les autorités préviennent qu'elles n'hésiteront pas à jeter le bébé avec l'eau du bain.

Un décret napoléonien complète ce texte en 1812, en fixant la zone géographique dans laquelle il peut être fabriqué.

De l'huile d'olive, du soleil et du vent

Aujourd'hui, quelques savonneries travaillent encore dans les règles de l'art. La soude est versée dans de grands chaudrons, puis on ajoute l'huile végétale. De l'huile d'olive, mais pas uniquement. On lance la cuisson. Sous l'effet de la chaleur, les molécules qui composent l'huile et la soude se séparent et se recombinent les unes avec les autres. Après quelques heures de chauffe, on obtient un mélange constitué de savon et de glycérine. Il reste aussi un peu de soude. Pour ne garder que le premier, il faut le laver. Oui, laver le savon ! Mais pas à l'eau claire, il ne résisterait pas. Avec de l'eau salée. Le savon ne peut pas s'y dissoudre.

Faites l'expérience chez vous, même si vous n'habitez pas Marseille. Versez du sel dans un récipient contenant de l'eau, trempez les mains, puis le savon et faites le rouler entre vos paumes. Le savon ne se dissout pas dans l'eau salée.

Mais revenons à notre chaudron. Une fois la pâte lavée, elle est remise sur le feu et cuite pendant dix jours et dix nuits à une température de 120 °C. Le spectacle est hypnotisant. Des bulles de gaz remontent à la surface. À cause de la viscosité, elles se développent lentement et mettent du temps avant d'éclater. On croirait de la lave en fusion. Les vapeurs qui s'élèvent du chaudron sont chargées d'un étrange parfum, difficile à caractériser quand on le respire pour la première fois. C'est l'odeur du savon chaud, lourde et pénétrante. Les murs, les sols et les boiseries en sont imprégnés.

Quand le délai de dix jours est écoulé, le maître de feu – c'est le nom que l'on donne au savonnier qui veille à la cuisson – goûte la pâte. Au sens propre du terme. Il la fait rouler dans sa bouche pour examiner sa texture. Quand il crache, il sait s'il doit ou non prolonger la cuisson.

Puis, la pâte est à nouveau lavée à l'eau salée et coulée dans de grands moules qu'on appelle des « mises ». Elles font une quinzaine de centimètres de profondeur, mais s'étendent sur neuf mètres carrés. Comme au XIVe siècle, elles sont installées dans des espaces pourvus de larges ouvertures pour laisser entrer le mistral. Très vite la pâte se fige, mais il ne faut pas se fier aux apparences. Il faut compter quatre jours pour qu'elle soit suffisamment dure. Les « mises » sont alors levées pour être découpées, d'abord en pains de 35 kilogrammes, puis en cube de 600 ou 200 grammes.

Pourquoi le savon lave ?

Il y a de l'huile dans le savon, vous avez bien lu. Mais comment peut-on retirer des taches – de gras notamment – avec un produit fait à base d'huile ? La cuisson a provoqué une réaction chimique. L'agencement des atomes qui composent les molécules contenues dans l'huile et celles contenues dans la soude a été bouleversé. Certains scientifiques comparent la molécule de savon à une chimère. Elle est constituée de carbone, d'hydrogène et d'oxygène. Elle est comme une hydre à deux têtes, capable de tout et son contraire.

Dans la nature les molécules s'attirent ou se repoussent. Ainsi, certaines sont attirées par l'eau, tandis que d'autres s'en éloignent. La molécule de savon est capable des deux. Une de ses extrémités aime l'eau, elle est hydrophile, l'autre la déteste, elle est hydrophobe.

Quand le savon se dissout dans l'eau où on a mis le linge à tremper, l'extrémité hydrophobe cherche à s'accrocher à tout ce qui ne ressemble pas à une molécule d'eau. Une tache de graisse si petite soit-elle constitue un parfait point d'ancrage. Des milliards de molécules de savon viennent planter leurs têtes hydrophobes dans la tache de gras. Cette enveloppe forme ce que l'on appelle une « micelle ». La messe est dite : la tache est condamnée à disparaître. En effet, l'autre extrémité de chaque molécule de savon est puissamment attirée par les molécules d'eau qui foisonnent tout autour. La tache emprisonnée par des molécules de savon finit par lâcher prise. Elle se retrouve en suspension dans l'eau et disparaît avec le rinçage.

Ce « comportement » des molécules de savon permet, au passage, d'accentuer le pouvoir mouillant de l'eau. Les molécules d'eau s'attirent les unes les autres, un peu comme de petits aimants, c'est pourquoi elles forment des gouttes. Quand l'eau est claire, elle a du mal à se glisser entre les fibres d'un textile. Avec du savon, c'est tout le contraire. L'extrémité hydrophobe cherche à se glisser dans le moindre recoin, pour échapper à l'eau, mais comme la molécule de savon remorque de l'eau, elle renforce au bout du compte sa capacité à mouiller le linge.

Sur la peau, l'eau et le savon agissent de la même manière. Durant la seconde moitié du XIXe siècle, Louis Pasteur et l'Allemand Robert Koch découvrent qu'un grand nombre de maladies sont véhiculées par des bactéries pathogènes qui se transmettent au contact de la peau. Le choléra, par exemple, qu'on surnommera « la maladie des mains sales ».

En l'absence d'antibiotique et en attendant la découverte de la pénicilline par Alexander Fleming en 1929, le savon, celui de Marseille en particulier, sera l'unique auxiliaire des médecins et des sages-femmes, capable d'assainir l'environnement. Combien de femmes en couche ont eu la vie sauve grâce à l'usage du savon ? C'est aussi l'époque où fleurissent, dans toutes les écoles, les consignes d'hygiène que les maîtres dictent à leurs élèves. « Il faut se laver les mains, les pieds et derrière les oreilles. » La consommation de savon de Marseille augmente en conséquence. Dans les années 1920, on comptait 108 savonneries à Marseille et 14 à Salon-de-Provence. En 1938, on produisait 120 000 tonnes de savon.

Avant de mettre les savons à la vente, les savonniers procèdent aujourd'hui encore à une dernière opération : l'estampillage. Ce geste remonte au décret napoléonien de 1812. Il prévoyait que l'une des faces du cube de savon soit creusée d'une marque en forme de pentagone, où devait figurer cet avertissement : « Tout particulier établi dans une autre ville que celle de Marseille, qui versera dans le commerce des savons revêtus de la marque accordée, sera puni d'une amende et ses savons confisqués. » Contrairement à l'amande, dont on a fait plus tard un autre savon, celle-ci n'était pas douce.

Cette mise en garde ne figure plus sur les savons de Marseille. Avec le temps, les règles de fabrication ont été assouplies. Ce produit ne fait d'ailleurs pas l'objet d'une appellation d'origine contrôlée. On peut aujourd'hui fabriquer du savon de Marseille un peu partout dans le monde. Les principaux producteurs sont la Turquie et la

Chine, quant au fameux Petit Marseillais, il appartient au géant américain Johnson & Johnson.

Après la Seconde Guerre mondiale, avec l'arrivée de nouveaux procédés de fabrication, le remplacement de l'huile végétale par des dérivés pétroliers, du savon par des détergents, et surtout l'arrivée de la machine à laver le linge, les ventes ont considérablement chuté.

Mais depuis quelques années, avec le retour du naturel, de l'authentique et de l'économie circulaire, le savon de Marseille, cantonné durant des années aux tâches domestiques, a fait son entrée dans la salle de bains. Désormais, il y trône comme un trophée, une ode à l'hygiène du corps et de l'environnement.

Grâce à leur estampillage particulier, les savonniers du sud de la France peuvent revendiquer leur savoir-faire et afficher la garantie que leur savon contient bien 72 % d'huile végétale, condition essentielle pour obtenir l'appellation savon de Marseille.

Si vous ne vous contentez pas de votre nez pour aller jusqu'à Marseille ou Salon-de-Provence, que vous vous y transportiez physiquement, sachez que plusieurs savonneries ouvrent leurs portes au public. Vous verrez le chaudron, assisterez peut-être à la coulée ou à la coupe du savon. Vous constaterez que ce savon ce n'est pas du vent, sauf au sens propre du terme, car, sans mistral, comme le précise la recette, il n'y aurait pas de savon de Marseille.

La vanille de l'île Bourbon

Comment l'homme a dû prendre la place des abeilles ?

Au cours de l'histoire que partagent les hommes et les animaux domestiques, les seconds ont souvent été utilisés pour compenser les faiblesses des premiers. Le cheval ou le bœuf pour se déplacer ou tirer de lourdes charges, le chien pour flairer les proies ou les intrus, le chat pour bondir sur les rongeurs… Sur l'île de la Réunion dans l'océan Indien, c'est l'inverse : l'homme a pris la place d'un animal, écrivant une histoire qui ne manque pas de saveur !

C'est l'histoire d'une plante qui vient de loin. Elle est à l'origine d'une énigme qui va tenir les botanistes en haleine pendant plus de vingt ans. Une liane. Elle arrive sur l'île de la Réunion en 1819 à bord d'un navire commandé par le capitaine Pierre-Henri Philibert, un enfant du pays. Trente ans qu'il n'a pas mis les pieds sur son île natale. Il ne sait même plus quel nom lui donner.

Quand il a vu disparaître le piton des Neiges sur l'horizon, il culminait au sommet d'un caillou fumant que les géographes du roi avaient baptisé « l'île Bourbon ». Entre-temps, la Révolution, les Anglais, l'Empire et la Restauration sont passés par là et l'île a plusieurs fois changé de nom. En 1794, afin d'effacer la filiation monarchique jusque dans les colonies, les hommes de la Convention la rebaptisent île de la Réunion en mémoire de la réunion des États généraux. Avec l'Empire, elle prend le nom d'île Bonaparte, pour redevenir Bourbon à la Restauration en 1814.

Du côté de Sainte-Suzanne et de Saint-André, au nord-est de l'île, les cases regardent vers la mer. Ce sont de jolies bâtisses rectangulaires, aux murs et aux toitures couverts de bardeaux de tamarin, une essence locale. On y vit dedans et beaucoup dehors. Sous la varangue, il y a toujours une paire d'yeux qui traînent en direction de l'océan Indien pour saisir la pointe des mâts dès qu'ils franchissent l'horizon.

Le 26 juin 1819, les silhouettes de la *Durance* et du *Rhône*, les deux navires commandés par Pierre-Henri Philibert, pointent en direction du nord-ouest. La nouvelle se répand à toute la communauté. C'est l'excitation. Ce qui agite les esprits, c'est la cargaison. Sur l'île Bourbon au début du XIXe siècle, les rêves de vie meilleure s'ébauchent avec ce que l'on extrait des cales des navires.

Depuis que la France a abandonné tout espoir de coloniser l'Inde et qu'elle doit se contenter de quelques comptoirs, insuffisants pour produire et s'enrichir du commerce des épices, l'île de la Réunion suscite un nouvel intérêt. Son climat et la qualité de son sol attirent l'attention des botanistes et des agronomes. Les tentatives d'introduction qu'on y fait se soldent en général par des succès. Certaines essences, telles que le café, ont déjà fait la fortune des planteurs. L'île est en train de devenir un vaste jardin où les habitants cultivent toutes sortes de variétés récoltées dans les mers du Sud, que ce soit en Asie ou en Amérique : ananas, avocatier, cacaoyer, poivrier, muscadier, giroflier, manguier, cannelier…

L'étrange liane de Cayenne

Le *Rhône* et la *Durance* sont entrés dans la rade de Saint-Denis. Les hommes déchargent la cargaison. Certaines caisses sont manipulées avec plus de précautions que d'autres, celles qui contiennent des lianes. Les boutures se présentent sous la forme de longues tiges de l'épaisseur d'un doigt qui s'enroulent sur elles-mêmes. Elles ne savent pas se tenir. Dans la nature, la liane est une plante grimpante. De chaque côté partent de belles feuilles, oblongues, charnues, cireuses et d'un vert profond.

Guerrard Samuel Perrottet, le botaniste qui accompagne la mission, suit avec beaucoup d'attention la manutention des caisses. Il est soulagé : les plantes n'ont pas trop souffert du voyage. Certaines ont déjà pris racine, tandis qu'à l'aisselle des feuilles, des pousses adventives – des racines aériennes – cherchent en vain à se cramponner pour grimper et aller chercher la lumière. Ce serait dommage de tout gâcher. Philibert ne le lui pardonnerait jamais.

Les temps sont aux échanges, aux expériences. On prélève ici, on dépose là-bas. Les lianes ont été embarquées à Cayenne, sur une intuition du capitaine, pour être cultivées à la Réunion, en même temps que d'autres graines et plants d'arbres fruitiers destinés à être acclimatés pour enrichir la colonie.

Le capitaine Philibert connaît le goût de cette épice. Une fois séchée et mûrie, la gousse qui pend aux lianes perd son aspect végétal. Elle ressemble à une petite lanière de cuir vieilli. Comme si elle avait été graissée et polie par le toucher. Elle embaume les coffrets de bois dans lesquels on la réserve et parfume les mets, les chairs comme les desserts.

Il n'est pas le premier Européen à l'avoir portée à ses lèvres. Dans son *Histoire générale de la Nouvelle Espagne* le moine Bernardino de Sahagún, qui débarque en Amérique quelques années après les premiers conquistadors, y consacre quelques lignes : « Après le repas on servait plusieurs boissons de cacao, délicatement préparées, comme celle qui est faite avec la graine, laquelle est fort savoureuse ; celle qu'on a faite avec le miel d'abeilles ; une autre encore avec du tlilxochitl. » Il se raconte que, lors de leur première rencontre en 1519, l'empereur aztèque Moctezuma aurait offert à Hernán Cortez une boisson au chocolat parfumé avec ce fameux tlilxochitl. Trop difficile à prononcer, les Européens lui préfèrent un nom latin. Comme les botanistes s'inspirent très souvent de ce qu'ils voient dans la nature pour bap tiser les plantes qu'ils découvrent, le fruit de cette liane ressemblant à une gaine on lui en donne le nom latin : « *vanilla* », petite gaine, petite gousse.

Au XVIe siècle les gousses séchées ont trouvé une place dans les armoires à épices des cuisines et celles des apothicaires espagnols. Puis la vanille franchit les Pyrénées. Elle plaît aux palais des Français (dans les différentes acceptions du terme, organe et édifice). Louis XIV la trouve tellement à son goût qu'il demande sa mise en culture dans les serres chauffées de son tout nouveau jardin botanique, car, jusqu'à présent, en dehors du Mexique et des régions d'Amérique centrale, nul n'est parvenu à faire fructifier la liane. Elle fleurit mais ne donne pas de fruit. Plusieurs tentatives ont été faites. Toutes ont échoué.

Le botaniste qui accompagne la mission a sûrement échangé avec le capitaine Philibert à ce sujet. Le Réunionnais est confiant : les climats de Cayenne et de la côte orientale de l'île Bourbon sont assez similaires.

Cinq mois plus tard, après avoir traversé l'océan Atlantique, franchi le cap de Bonne-Espérance, remonté le long de Madagascar, les caisses renfermant 990 lianes et graines de vanilliers sont déposées sur les quais du port de Saint-Denis. À l'attention que l'équipage porte à cette partie de la cargaison, les badauds venus accueillir le déchargement devinent que c'est du sérieux. Le capitaine Pierre-Henri Philibert distribue les boutures. Il a lui-même sélectionné les bénéficiaires. Toutes les parcelles destinées à accueillir les plants donnent sur la façade est de l'île, la Côte-au-vent. Les alizés y poussent les masses d'air qui, au-dessus de l'océan Indien, se sont chargées d'humidité.

J'ai eu plusieurs fois l'occasion de séjourner dans ce secteur plutôt délaissé par les touristes. La végétation y foisonne. La pluie peut tomber pendant des heures. Plusieurs centaines de millimètres par jour. Plus qu'à Paris en une année où il tombe déjà presque 650 millimètres d'eau par an. Dans la vallée de Takamaka, qui se creuse à partir de Saint-Benoît, on grimpe à petites enjambées vers la pluie. On ne la sent pas venir. On pénètre dans un épais rideau liquide, tandis que la température reste d'une extrême douceur. Sous la pluie qui tombe mais ne bat pas, les paysages sont encore plus grandioses. En revenant vers la côte, les pluies sont moins abondantes mais largement suffisantes pour que la vanille prospère.

En 1819, l'introduction du vanillier laisse entrevoir de belles perspectives économiques. La *Feuille hebdomadaire de Bourbon* relate l'événement avec enthousiasme dans ses colonnes : « L'expédition du capitaine Philibert a apporté pour notre colonie plusieurs plantes précieuses. Mais, certes, l'acquisition la plus intéressante est celle du vanillier, dont le jardin du roi a reçu, dit-on, quelques boutures. »

Les heureux bénéficiaires mettent leurs boutures en terre, de préférence sur des sols souples et bien drainés. Les pluies providentielles ne doivent pas non plus noyer la racine. La plante étant grimpante, les lianes sont installées à proximité de tuteurs naturels, vacoas, avocats-marrons ou goyaviers. Ces arbres ont l'avantage de ne pas perdre leur écorce ; le vanillier peut s'y accrocher définitivement. Comme il aime l'humidité et la chaleur mais craint les rayons du soleil, il profite aussi de l'ombre que lui fournissent généreusement ces essences. Les feuilles mortes qui tombent au sol constituent par ailleurs un excellent amendement naturel.

Une belle plante qui ne tient pas ses promesses

Chaque jour qui passe, les lianes prennent un peu de hauteur. L'affaire s'annonce bien. Philibert a vu juste. En septembre, les premières fleurs apparaissent. Elles se présentent par grappes d'une quinzaine d'unités. De jolies fleurs blanches, d'un à deux centimètres de hauteur, dégageant un parfum à peine perceptible. La vanille est une orchidée. La fleur est constituée de

6 pièces, 3 sépales et 3 pétales qu'il est très difficile de différencier. Sauf le troisième pétale, le labelle. Chez les orchidées, il a souvent vocation à attirer l'insecte pollinisateur. Chez certaines variétés, le leurre est tellement perfectionné qu'il reproduit l'abdomen de la femelle de l'insecte. La plupart du temps, il facilite l'atterrissage – « l'affleurissage », devrait-on dire – tel un ponton qui conduit vers le nectar et, bien que l'insecte l'ignore, vers les organes sexuels de son hôte. Sur la fleur de vanille, le troisième pétale forme une sorte de cornet qui enveloppe le pistil et l'étamine, les organes femelle et mâle. À l'abri du labelle, seul le sommet de l'étamine est visible avec ses petits sacs à pollen un peu plus jaunes que les autres pièces de l'appareil reproducteur.

La fleur de vanille est éphémère. Elle éclôt durant la nuit et flétrit dès le jour suivant. Jusqu'à la mi-novembre on voit s'ouvrir de nouvelles fleurs. Durant l'automne 1819 (le printemps dans l'hémisphère sud), les lianes fleurissent mais aucune gousse ne se forme sur les vanilliers, dans aucune plantation, ni au jardin du roi. L'année suivante *idem.* En 1820, le capitaine Philibert et le botaniste Perrottet introduisent de nouvelles lianes qu'ils ont récoltées à Manille. Ils n'obtiennent pas de meilleurs résultats. Une troisième introduction a lieu en 1822, d'une variété différente. Cette fois les boutures sont prélevées dans les serres du Muséum de Paris où elles sont cultivées depuis près d'un siècle.

Bien qu'originaire du Mexique, berceau de la vanille, la plante produit toujours d'aussi jolies fleurs mais pas la moindre gousse. Au fil des saisons, les espoirs finissent par faner. Tandis qu'une autre plante originaire de Nouvelle-Guinée, la canne à sucre, s'implante sur l'île, le vanillier est relégué au rang de plante ornementale.

À l'automne 1841, Féréol Bellier, propriétaire à Sainte-Suzanne, amateur de botanique comme le sont déjà à cette époque bon nombre d'habitants de l'île, fait le tour de son jardin. Il est accompagné d'Edmond, un jeune esclave de douze ans, qu'il a recueilli quelques jours après sa naissance. Féréol Bellier est très attaché à l'enfant. Il l'éduque comme un fils et lui a enseigné de nombreuses techniques de jardinier, il lui a appris comment féconder les plantes. L'enfant, bon élève, a mémorisé les gestes que Bellier a pratiqué sur le « jolifiat », une variété proche de la citrouille. Les fleurs mâles et femelles s'épanouissant sur des rameaux différents, il faut cueillir la première et la mettre délicatement en contact avec la seconde. Edmond est habile et reproduit fidèlement le geste.

Leur itinéraire, comme à l'ordinaire, les amène jusqu'à l'unique vanillier de la propriété. Féréol Bellier s'immobilise. Un fruit est en train de se former dans le prolongement d'une fleur déjà flétrie. Il s'en étonne et en fait aussitôt la remarque à Edmond. Le jeune homme explique au propriétaire que cette gousse en formation est le fruit de sa manipulation. Féréol Bellier n'y prête pas attention. Mais, quelques jours plus tard, au cours d'une tournée de routine, il découvre une deuxième gousse en formation. Edmond renouvelle son explication. Le maître demande à voir. Edmond s'exécute sous les yeux ébahis de M. Bellier.

Au domaine du Grand Hazier, tout près de l'endroit où furent plantées les premières lianes originaires du Mexique, il existe aujourd'hui une jolie vanilleraie. Les gousses mûrissent face à la mer, à l'abri d'un bâtiment datant du XIXe siècle. On y respire l'air ambiant avec gourmandise. L'arôme de vanille embaume l'atmosphère. Imaginez-vous le nez sur un sachet contenant quelques gousses. La sensation est la même, mais à l'air libre. À quelques mètres, se dressent plusieurs rangées de vanilliers. Les lianes sont enroulées sur leurs tuteurs et protégées du soleil par une « ombrière ».

Bertrand Côme est arrivé d'Auvergne il y a une trentaine d'années. Comme le capitaine Philibert, après avoir été second dans une coopérative locale, il a pris la barre de la vanilleraie du Grand Hazier. Il m'a montré le geste du petit Edmond, qui, aujourd'hui, se pratique des dizaines de milliers de fois par jour partout où se cultive la vanille. Puis il m'a laissé la main.

Il faut tenir la fleur entre le pouce et l'index, de l'autre main à l'aide d'une aiguille déchirer le labelle, ce pétale qui forme une sorte de cornet autour des organes sexuels, appelés aussi jabot. Le pistil apparaît et, dans le prolongement, comme si les deux étaient soudés, l'étamine, avec, au sommet, les sacs de pollen. Edmond fut le premier à reconnaître ces pièces.

Pour qu'il y ait fécondation, les sacs doivent entrer en contact avec le pistil. Sans intervention extérieure c'est impossible. Le pistil est fermé par une sorte de clapet, le « rostellum ». Il faut le soulever, puis pincer les pièces l'une sur l'autre, sans trop appuyer.

Dans la nature, au Mexique, c'est un insecte qui effectue cette opération. Une petite abeille, la mélipone. Elle est assez menue pour se glisser dans le cornet et aller puiser le nectar qui se trouve à sa base. Une fois repue, elle doit, pour s'échapper, battre des ailes. Sans le vouloir, elle soulève le clapet qui reste bloqué à la verticale tandis que les sacs de pollen s'inclinent doucement vers le pistil. Une fois sur l'orifice, le processus de fécondation est enclenché : les grains de pollen développent un petit conduit qui atteint l'ovaire de la fleur. Les spermatozoïdes contenus dans les grains de pollen entrent alors en contact avec les ovules. La fécondation va engendrer des graines qui seront protégées par une enveloppe longiligne : une gousse. Sur l'île de la Réunion comme partout dans l'océan Indien et dans les serres du Muséum d'histoire naturelle, il n'y a pas de mélipones. En leur absence, et avant qu'un jeune esclave ne comprenne leur mode de fécondation, les vanilliers ne pouvaient pas engendrer de fruit.

Partout où elles sont plantées dans l'océan Indien, ces plantes nécessitent l'intervention de l'homme, ce qui en fait une exception dans l'histoire du partenariat homme/animal où le premier doit remplacer le second et non l'inverse.

Un épilogue au goût amer

Après la découverte d'Edmond et la publicité qu'en fait Féréol Bellier, tous ceux qui cultivaient encore un peu d'espoir pour cette liane, et qui l'avaient sauvegardée au titre de plante d'ornement, viennent réclamer ses services. Edmond va de domaine en domaine montrer son geste. En retour il ne reçoit rien. Nous sommes dans les années 1840, Edmond est un esclave.

Le 20 décembre 1848, ce statut est aboli. Comme 60 000 des siens, Edmond prend la liberté qu'on lui donne. Il quitte le service de Féréol Bellier. Puisqu'il doit désormais aussi prendre un nom, il en choisit un qui lui semble plein de promesses. Il devient Edmond Albius, Edmond le Blanc.

Pendant ce temps, les planteurs s'enrichissent. Le succès est tel que la Réunion devient le premier producteur mondial de vanille. Une liane est dessinée au sommet du blason de l'île, au-dessus du volcan et des abeilles ; il ne s'agit pas de mélipones, mais d'un symbole auquel Napoléon était très attaché.

Edmond Albius, qui a été moins bien initié à la liberté qu'à la botanique, fait de mauvaises rencontres, tente de mauvaises expériences. Il connaît la prison. Sa bonne conduite et l'intervention de son ancien maître réduisent sa peine. À plusieurs reprises, Féréol Bellier et d'autres colons réclameront auprès de l'État et des planteurs qu'on verse à Edmond une pension en guise de reconnaissance. Sans succès.

Edmond Albius finit ses jours dans le plus grand dénuement. À l'heure où j'écris ces mots, la vanille se vend 500 euros le kilogramme. À mes yeux et mon palais, il est un héros. Sans lui nos papilles seraient restées orphelines.

Une histoire salée

Pourquoi il y a du sel dans le sol du Jura ?

« Dis, pourquoi la mer est salée ? »

Enfant nous avons tous posé la question. Sans forcément obtenir de réponse satisfaisante. Comme je suis tenace, une fois adulte je l'ai encore posée, à des scientifiques cette fois. J'en ai sollicité plusieurs et épuisé un bon nombre. Finalement, j'ai obtenu ma réponse… Mais il m'a fallu attendre plus de trente ans. La voici : il faut remonter aux origines de notre planète. Une intense activité volcanique règne à sa surface. La lave expulsée est chargée de minéraux en tout genre, dont le sodium et le chlorure. Les océans n'existent pas encore. Un milliard d'années après sa formation (la Terre est âgée de 4,5 milliards d'années), la pluie se met à tomber. Il pleut pendant 100 000 ans. L'eau qui ruisselle sur les sols lessive les roches, arrache des minéraux, le chlorure, le sodium, le magnésium, le potassium… et les transporte dans des exutoires : les océans. Chaque fois qu'il pleut, le même processus s'observe, à une moindre échelle : la pluie qui ruisselle sur les roches arrache des minéraux et les transporte jusqu'aux océans via les rivières et les fleuves.

Le sel marin

Un objet du quotidien a contribué à renforcer l'association que nous faisons entre la mer et le sel : une petite boîte bleue, de forme cylindrique. Elle nous est, à toutes et à tous, un jour ou l'autre, passée entre les mains. Une boîte en carton rigide. Son couvercle est en plastique blanc, muni d'une petite trappe coulissante qui permet de régler le débit. Une jolie baleine, ondulant sur les flots, est dessinée sur l'emballage, suggérant de manière évidente l'origine marine du sel qu'elle contient.

Évidemment, nous ne pensons pas au grand large. Nous savons bien que le sel est récolté sur le littoral. Celui qui est contenu dans cette boîte vient en l'occurrence des bords de la Méditerranée, d'Aigues-Mortes précisément, dans le département des Bouches-du-Rhône. On a tous en tête ces images impressionnantes de montagnes de sel stockées sur fond de décor camarguais. Des monticules de plusieurs centaines de mètres de longueur et plusieurs dizaines de mètres de hauteur, d'une blancheur immaculée et que les spécialistes appellent des « camels ».

Il n'y a pas que dans le Sud. Dans l'Ouest aussi, le sel fait partie des goûts et des couleurs locaux. Chaque été, quand on s'enfonce un peu dans les terres du côté de Noirmoutier ou de Guérande, les marais salants se couvrent de petites pyramides. Le sel y est un peu plus gris que dans le Sud. Les mauvaises langues prétendent que c'est à l'image du ciel. Ils ont trop la tête en l'air ! En fait, c'est le sol qui est responsable, à cause de la vase qui s'y accumule. Plus terne, le sel y est tout aussi goûteux que celui du Sud.

Les Bretons et les Vendéens en jettent quelques pincées dans le beurre au moment de sa fabrication. Il y a ceux qui aiment et ceux qui détestent. J'appartiens à la première catégorie. Quand c'est du gros sel, c'est encore meilleur.

Le sel de table est en fait un assemblage de sodium et de chlorure (Na+ Cl-). Deux des 92 éléments naturels qui composent l'univers. Ils se présentent sous la forme d'ions. Ce sont des atomes, des grains de matière un peu particuliers. Le chlorure a trop d'électrons, le sodium en manque. On dit qu'ils sont chargés électriquement. Mis en présence les uns des autres et en l'absence d'eau, ils se rapprochent. L'un apporte ce qui manque à l'autre et l'autre le soulage. En se combinant, ils forment des cristaux et, à la longue, des grains de sel.

Sur la langue, au contact de la salive, les cristaux se dissolvent. Chlorure et sodium reprennent leur indépendance. Le sodium stimule nos papilles et le chlorure donne le goût salé. Faites l'expérience du beurre au « chlorure de sodium ». S'il n'est pas à votre goût, vous découvrirez au moins l'extraordinaire potentiel de vos papilles.

Mer et sel semblent donc inséparables.

Jusque dans les années 1960, se trouvait pourtant sur les étagères des épiceries un sel venu d'ailleurs. Aucun cétacé ne figurait sur l'emballage. C'est un lion qui était dessiné sur la boîte, identique à celui de la marque automobile. À ceux qui ont des lacunes en héraldique et qui ont du mal à associer un symbole à une région, l'origine du contenu était inscrite en grosses lettres : « sel de Franche-Comté ». Du sel produit à Salins-les-Bains, une petite commune située à la limite des départements du Jura et du Doubs. Du Moyen Âge au milieu du XIXe siècle, toute cette région a exploité le sel, figurant même parmi les premiers producteurs du pays.

La Saline royale d'Arc-et-Senans : un palais pour le sel

À quelques kilomètres au sud de Salins-les-Bains, un imposant édifice témoigne du rôle qu'a joué cette activité dans la région : la Saline royale d'Arc-et-Senans. C'est une construction unique au monde, l'un des monuments les plus surprenants et les plus prestigieux de France. On y pénètre en franchissant une rangée de colonnes doriques délimitant un petit péristyle qui débouche à son tour sur une porte cochère. Comme si, en multipliant les cloisonnements, l'architecte avait voulu signifier au visiteur qu'il pénétrait dans un autre monde. Impossible de deviner ce qui se cache de l'autre côté. Un mur d'enceinte de 4 mètres de haut bouche la vue. À l'origine, cette ceinture était doublée d'un fossé difficile à franchir.

Une fois passé le porche, le contraste avec l'extérieur est saisissant. La commune d'Arc-et-Senans compte un peu plus de 1 500 habitants : quelques rues, deux ou trois places et un gros carrefour. Les dimensions des salines tranchent avec la taille du bourg. L'édifice forme un vaste demi-cercle dont le diamètre atteint 370 mètres. Vu du ciel, c'est encore plus impressionnant.

Les constructions autour de l'enceinte font figure d'accessoires.

Dans l'axe de l'entrée, se dresse l'imposante « maison du directeur ». On croirait un temple. Elle est située au centre du diamètre. Son concepteur a puisé dans le vocabulaire de l'architecture antique. Six puissantes colonnes s'élèvent devant la façade. Le regard a du mal à s'en détacher car elles sont constituées d'un empilement de blocs cubiques et cylindriques. « Seul un accès de délire peut expliquer ces assemblages fantastiques », commentait un critique quand les salines ont été construites à la fin du XVIIIe siècle. Le fronton, posé au-dessus, est percé d'un oculus. Il permettait au maître des lieux d'embrasser d'un seul regard la totalité du site.

De chaque côté de la maison, deux longues constructions. Leur masse est adoucie par de larges arcades et des façades en bossage. Elles évoquent les palais florentins, celui du Luxembourg à Paris ou la villa Rotonda en Italie. Le souci de l'équilibre se prolonge jusque sur les toitures. Moins hautes que le bâtiment central, elles sont rythmées par des chiens-assis, surmontés de petits frontons, avec une alternance de courbes et de formes triangulaires.

Lorsqu'on se retourne, le spectacle est encore plus surprenant. Du jamais vu : cinq bâtiments se déploient en arc de cercle, reliant les deux extrémités du diamètre. « Une forme pure, comme celle que décrit le soleil dans sa course », c'est ainsi que Claude-Nicolas Ledoux, l'architecte de cette merveille, voyait son chef-d'œuvre.

Ce palais féerique n'hébergeait pourtant ni prince mégalomane ni princesse esseulée. Claude-Nicolas Ledoux a inscrit sur les murs la destination des bâtiments. Dès l'entrée le visiteur est informé : la porte cochère est percée d'une grotte reconstituée à partir de blocs de roche brute. La mise en scène suggère une activité liée à l'exploitation d'une ressource minérale. Pour les historiens, le contraste entre cet empilement irrégulier et l'appareillage ordonnancé des pierres taillées qui ont servi à construire les salines, symbolise la victoire de l'homme sur le chaos de la nature. À l'intérieur de l'enceinte, le message est encore plus clair, des bas-reliefs disposés à intervalles réguliers représentent des urnes renversées d'où s'écoule de la saumure. L'évocation est telle qu'on ne résiste pas à l'envie de toucher la surface et de porter les doigts à la bouche. On éprouve alors une légère déception, car la pierre n'a aucun goût. Les bas-reliefs, comme la roche qui a servi à monter les murs, ont été taillés dans du calcaire jurassien. La Saline royale d'Arc-et-Senans était entièrement consacrée à l'exploitation du sel. C'est l'un des tout premiers exemples d'architecture industrielle.

Claude-Nicolas Ledoux réalise ici sa première commande d'État. Dans les années 1770, il figure parmi les architectes à la mode. Son talent de dessinateur a attiré l'attention de plusieurs personnages influents du royaume. Mlle Guimard, première danseuse de l'Opéra, lui a commandé la construction d'un hôtel particulier. Le petit théâtre privé qu'il a greffé au projet a fait sensation. Même Mme du Barry, maîtresse de Louis XV, est séduite par son style. Elle lui confie alors l'élaboration des plans d'un pavillon de musique. Le jour de l'inauguration, le roi est conquis et nomme Claude-Nicolas Ledoux commissaire des salines pour la Franche-Comté.

La province est alors rattachée au royaume depuis tout juste un siècle. On y produit du sel de façon méthodique depuis le haut Moyen Âge, mais les premières traces d'exploitation remontent au néolithique.

L'or blanc

Aujourd'hui, quand on retourne la salière pour ajouter une pointe de sel ici ou là, on oublie que ces cristaux ont représenté une ressource naturelle aussi importante que le sont le pétrole ou le gaz naturel aujourd'hui. Avant l'or noir, il y a eu l'or blanc. La capacité à relever la saveur d'un aliment – on parle d'exhausteur de goût – a très certainement incité nos ancêtres à s'en procurer. Mais c'est une autre vertu qui a entraîné la production de sel à grande échelle.

Le sel conserve les aliments. Au néolithique, l'homme se sédentarise. De chasseur-cueilleur, il devient éleveur et agriculteur. Jusque-là, notre ancêtre suivait les troupeaux d'animaux sauvages dans lesquels il prélevait des spécimens pour se nourrir. Désormais, il élève des animaux domestiqués pour s'approvisionner en lait. Bon observateur, il a constaté que le sel favorise la lactation et la croissance des herbivores. Il chasse toujours mais, devenu sédentaire, il doit conserver la viande d'une saison à l'autre. Le sel va lui en offrir la possibilité. Comment l'a-t-il appris ? Les ethnologues pensent qu'il a probablement découvert des animaux pris au piège dans des sources salées, morts depuis très longtemps sans que les chairs soient entrées en putréfaction.

Grâce au sel, la viande, le poisson et les fromages vont aussi pouvoir voyager sur de longues distances. Dès l'Antiquité, les jambons gaulois ont acquis une solide réputation au-delà des frontières. Des charrettes entières sont convoyées jusqu'à Rome.

Il faudra attendre le XIXe siècle pour comprendre le phénomène physico-chimique qui permet au sel de conserver les aliments. Quand un organisme meurt, les cellules qui le composent sont attaquées par une multitude de micro-organismes. C'est un travail méthodique. Certaines bactéries ciblent les protéines, d'autres dégradent les matières grasses. Elles y puisent les ressources nécessaires pour se multiplier. Tout va très vite. En quelques heures, le nombre de germes passe de quelques unités à plusieurs centaines de milliers, rendant rapidement un aliment impropre à la consommation. Le sel permet de bloquer ce processus. Pour se multiplier, les micro-organismes ont impérativement besoin d'eau. Il va les en priver. Le sel attire l'eau et provoque la déshydratation des tissus.

C'est un mécanisme physico-chimique, baptisé « osmose », qui est à l'origine du phénomène. Imaginez un morceau de viande ou de poisson enfoui sous une bonne couche de gros sel. À cause de l'humidité, les cristaux qui sont en contact direct avec les tissus se dissolvent. Une pellicule de saumure enrobe alors le morceau de lard ou de morue. On dit souvent que la nature a horreur du vide. Ce qu'elle déteste le plus en réalité, c'est le déséquilibre. Comme ici, d'un côté une solution très riche en chlorure de sodium, de l'autre l'eau contenue dans les tissus, autrement dit une solution qui en est quasiment dépourvue.

Pour rétablir l'équilibre, l'eau contenue dans les tissus migre vers la saumure, afin que sa concentration en sel y diminue. Petit à petit, les tissus se déshydratent, privant du même coup les bactéries du précieux liquide dont elles ont besoin pour se multiplier.

Jusqu'à l'invention du procédé d'appertisation et de la boîte de conserve, puis, quelques années plus tard, la mise au point de la pasteurisation, le sel sera l'unique moyen de conserver les viandes de porc et le poisson. Notre vocabulaire charcutier en a d'ailleurs gardé des traces. Les mots salaison, salami, saucisse, saucisson, salmigondis viennent du latin « *salsa* », qui signifie « sel » et, en se diluant dans le vocabulaire des cuisines, a évolué en « sauce ».

La gabelle, quand la note devient trop salée

Le sel est également synonyme de richesse. Les Romains payaient les légionnaires avec du sel. C'est aussi l'origine du mot salaire. Très tôt, il devient une source importante de revenus pour les États. Dès le Moyen Âge, il est soumis à l'impôt. Au départ, l'intention est bonne. Il s'agit de protéger les consommateurs des fluctuations de prix et de la spéculation. Ne pouvant contrôler la production, les autorités encadrent la distribution. Seul le seigneur peut vendre du sel et fixer son prix. En échange de cette garantie, il prélève une redevance sur la vente du produit. L'idée vient du comte de Provence qui l'a lui-même copiée sur ses voisins italiens. Les rois de France à leur tour suivent l'exemple. Vers 1340, Philippe VI de Valois instaure définitivement la fameuse gabelle, terme emprunté à l'arabe « *qabala* » qui signifie « taxe ».

Mais les souverains ont vite compris tout le profit qu'ils pouvaient tirer de ce système. Quand l'argent vient à manquer pour financer les croisades, puis la guerre de Cent Ans, les guerres de religion, ou encore celle de Trente Ans et une quantité d'autres petits conflits qui vident les caisses de l'État, ils augmentent la gabelle. En 1360, elle représentait 25 % du prix de la marchandise. Au XVe siècle, elle atteint 300 % de la valeur marchande du sel, pour bondir à 2000 % à la veille de la Révolution. L'effet, sur les finances du royaume, est immédiat. Le sel est un produit de grande consommation et nul ne peut s'en passer.

Pour s'assurer des rentrées régulières et établir un budget prévisionnel, Louis XIV va même contraindre ses sujets, dans les pays de « grande gabelle », là où les taxes sont les plus élevées, à se procurer chaque année le « sel de devoir ». Les familles ont l'obligation d'acheter un « minot » de sel, soit 52 litres, pour 14 personnes vivant dans le même foyer. À l'époque, les familles sont très nombreuses, elles sont élargies au cousinage. Une fois mariés, les enfants continuent de vivre sous le même toit que leurs parents, leurs frères, leurs sœurs, leurs oncles et leurs tantes, leurs progénitures respectives.

Une armée de fonctionnaires circulait dans les campagnes, vérifiant les registres et s'assurant que nul ne s'était dérobé. Les « gabelous » étaient autorisés à fouiller les maisons. Quand ils découvraient du sel de contrebande, la peine était sévère. Elle conduisait aux galères pour plusieurs années, à perpétuité en cas de récidive et parfois à la peine de mort.

La gabelle fut considérée comme l'impôt le plus injuste sous l'Ancien Régime. Abolies pendant la Révolution, les taxes sur le sel furent rétablies par Napoléon. Elles ne disparurent définitivement qu'en 1946.

Quand l'intendance des salines de Franche-Comté est confiée à Claude-Nicolas Ledoux, il a pour mission d'augmenter la production locale de sel. En Franche-Comté, la mer est loin. La Méditerranée se trouve à plus de 500 kilomètres, et l'Atlantique à près de 800 kilomètres. D'où vient donc le sel que Claude-Nicolas Ledoux doit exploiter ?

Il y a 220 millions d'années, au Trias, il y avait la mer à la place des Vosges, du Jura et des Alpes. Les terres émergées n'étaient pas réparties comme elles le sont aujourd'hui à la surface du globe. Il n'y avait pas cinq continents, mais un seul, la Pangée, qui commençait à se disloquer, provoquant ici ou là des incursions marines. C'était une mer peu profonde, assez toutefois pour s'imaginer faire du surf à Besançon, des châteaux de sable à Nancy, de la plongée sous-marine à Grenoble.

Avec les mouvements des plaques tectoniques, elle se referme petit à petit. Cinq millions d'années plus tard, elle forme une immense lagune. Il fait chaud, car les territoires qui composent aujourd'hui l'Europe sont beaucoup plus au sud, quasiment au niveau de l'équateur. L'eau s'évapore et le niveau baisse. Le sel, dissous dans l'eau, finit par se cristalliser et par se déposer. En Franche-Comté, il s'accumule sur environ 200 mètres d'épaisseur. On estime que l'évaporation d'une hauteur de 1 000 mètres d'eau de mer génère un dépôt de 12 centimètres de sel. Pour que la couche atteigne cette taille, cela suppose que le bassin fût en permanence alimenté par l'eau de mer, mais que jamais l'approvisionnement n'ait pu compenser l'évaporation.

Il y a 210 millions d'années, la mer revient. Le sel accumulé n'a pas le temps de se dissoudre. D'autres dépôts recouvrent le plancher : des marnes et des calcaires. Le sel se retrouve piégé, comme un cadeau que la nature aurait emballé dans des couches de roches sédimentaires. La mer va aller et venir plusieurs fois, avant de se retirer définitivement.

Il y a 35 millions d'années, la Pangée n'existe plus. Les continents sont maintenant parfaitement identifiables, et occupent à peu près leur position actuelle. L'Amérique du Sud n'est pas encore rattachée à sa grande sœur du Nord, mais elle n'est pas loin. Elle remonte tranquillement mais sûrement. De l'autre côté de l'Atlantique, ça bouge aussi. L'Afrique et l'Europe se rapprochent, de quelques centimètres par an. C'est peu, mais suffisant pour faire naître un géant. La collision des plaques va engendrer le soulèvement des Alpes. Comme un effet domino inversé, les terrains situés au nord suivent le mouvement. Le Jura bombe le torse. Les efforts subis par la croûte terrestre à cet endroit provoquent des cassures. L'enveloppe qui protégeait la couche de sel est percée. L'eau s'y infiltre et rejaillit un peu plus bas et un peu plus loin, claire mais salée.

Comment extraire le sel du sous-sol ?

En Franche-Comté, le sel n'est pas produit comme en bord de mer. Sur la côte Atlantique, à l'embouchure de la Loire, on utilise le soleil et le vent. Dans l'Est, la météo est un peu trop capricieuse. Jusqu'en 1962, le sel de la Grande Saline est obtenu en chauffant la saumure. À la différence du sel solaire du bord de mer, le sel est dit ignigène, produit par le feu. Dans les années 1770 on utilise du bois, pour produire de la chaleur. Il faut 2 tonnes de bois pour obtenir 1 tonne de sel. C'est pourquoi, après des siècles de production, la forêt autour des salines s'est réduite comme peau de chagrin.

À son arrivée, Claude-Nicolas Ledoux découvre donc une situation de crise. Le gros du sel est fourni par les sources de Salins. La commune est située à une quarantaine de kilomètres au sud de Besançon. Deux unités de production y sont implantées : la Grande et la Petite Saline.

Les ateliers sont construits au cœur de la ville, blottis au fond de la vallée, sur les bords d'une rivière au nom évocateur : la Furieuse. À la Grande Saline, on utilise sa force pour actionner une pompe qui permet d'aller chercher l'eau salée en profondeur. Ces infrastructures sont toujours visibles. Elles se visitent accompagné d'un guide. On emprunte un passage dérobé et on descend quelques marches. On se retrouve alors dans une immense galerie. On croirait la nef d'une église romane. L'eau de la Furieuse entraîne toujours une roue. Par un jeu de bielles, le mouvement circulaire est transformé en mouvement vertical et actionne une pompe. Les visiteurs sont invités à goûter l'eau qui remonte des entrailles de la Terre. Elle est imbuvable. Sa concentration en sel atteint presque 330 grammes par litre. Dix fois plus que l'eau de mer.

Claude-Nicolas Ledoux réfléchit : si le bois et la place font défaut à Salins-les-Bains, il faut développer l'activité ailleurs. Il propose alors de construire une seconde unité de production entre Arc et Senans, deux villages situés en bordure de la forêt de Chaux, et qui se trouvent à une quinzaine de kilomètres à vol d'oiseau de Salins, mais d'où ne jaillit aucune source. Ce choix surprend. C'est oublier que Ledoux est ingénieux. « Il est plus facile, écrit-il, de déplacer l'eau salée que de voiturer une forêt en détail. »

Un dénivelé de 109 mètres sépare Salins-les-Bains d'Arc-et-Senans. Pour franchir le relief, on installe deux canalisations qui suivent le cours de la Furieuse, puis celui de la Loue. 21 kilomètres, l'un des premiers « pipelines » du monde. Le « saumoduc » achemine jusqu'à Arc-et-Senans les « petites eaux » de

Salins-les-Bains : 135 000 litres par jour. Leur concentration en sel est loin d'atteindre celle des eaux de la Grande Saline : 30 grammes par litre seulement. Pas question de les faire chauffer dans cet état. Il faut d'abord les enrichir.

En amont de la Saline royale s'étend une immense plaine. Ledoux a aussi choisi le site pour cette raison. On y installe un bâtiment à graduation. Un dispositif vu en Allemagne. Il s'agit d'une construction de 500 mètres de long, quelques mètres de large et 7 de hauteur. L'eau est hissée au sommet de l'installation et déversée dans une canalisation percée sur toute sa longueur. L'eau descend en suivant la pente et dégouline par de petits trous, sur les fagots de bois qui remplissent la structure. Cette opération permet d'augmenter la surface de contact entre l'air et le liquide. Comme le bâtiment est ouvert au vent, l'eau s'évapore plus facilement. Après plusieurs passages, on parvient à multiplier par quatre sa concentration en sel. Le bâtiment de graduation a, hélas, disparu aujourd'hui. Il n'en reste que les plans.

La saumure était ensuite acheminée jusqu'aux installations de chauffage situées dans l'enceinte de la saline. Elle était traitée dans les deux bâtiments d'évaporation qui encadrent la maison du directeur, et qu'on appelle des « bernes ». L'eau salée était déversée dans de grands bassins métalliques, des « poêles » d'environ un mètre de hauteur. Il y en avait quatre par bâtiment. Un feu permanent était entretenu dessous pour provoquer l'ébullition de la saumure et l'évaporation de l'eau.

Aujourd'hui, les installations ont totalement disparu, mais les proportions des bâtiments donnent une idée de l'activité. La hauteur sous plafond est impressionnante. Elle permettait le dégagement de la vapeur et son évacuation par les ouvertures aménagées dans la toiture.

Un dispositif semblable est toujours visible à la Grande Saline de Salins-les-Bains. Une poêle à sel est toujours là ainsi que son système de chauffe. Après 24 à 72 heures de cuisson, quand le sel commençait à cristalliser, les sauniers le remontaient sur le couvercle des poêles, où il finissait de s'égoutter.

Entre les ouvriers qui travaillaient sous le contrôle des « moutiers », les « enchaleurs » chargés d'empiler le bois destiné aux « cuites », les forgerons qui entretenaient les poêles, les « bossiers » qui fabriquaient les tonneaux dédiés au stockage et au transport du sel, les contrôleurs de la Ferme générale, près de 200 personnes travaillaient à la Saline royale d'Arc-et-Senans, et toutes vivaient sur place.

Claude-Nicolas Ledoux est un précurseur. Non seulement il crée la première œuvre d'architecture industrielle, mais il est le premier à réunir sur le même site l'outil de travail et le logement des ouvriers. En découvrant la Saline royale d'Arc-et-Senans, on devine l'importance que Ledoux accorde aux canons de l'architecture classique : proportion et symétrie. Mais s'il a un pied dans l'Antiquité, il a l'autre dans le futur. Ledoux est influencé par les Lumières. Disciple de Jean-Jacques Rousseau, il est persuadé que le beau rend l'Homme meilleur. Partageant les idées utopistes de l'Anglais Thomas More, il imagine un espace totalement nouveau, une structure pavillonnaire où l'air circule et le risque d'incendie est minimisé, où hommes et femmes vivent et travaillent dans un lieu harmonieux.

Son premier projet comprenait 240 colonnes. Le roi en fut troublé. Il estima cette profusion de colonnes trop luxueuse pour des ouvriers et il renvoya les plans. Le second, jugé plus sage, fut accepté. Les travaux commencèrent en 1774 et la saline commença à produire du sel en 1779.

En 1793, Claude-Nicolas Ledoux est arrêté et incarcéré pour « aristocratie ». Ses juges ont sûrement hésité, car peu d'hommes de son temps se sont comme lui autant souciés des conditions de travail des ouvriers. Mais Claude-Nicolas Ledoux avait été un proche de Mme du Barry et il avait exercé ses talents d'architecte pour la construction des barrières de Paris, sur le mur des fermiers généraux. Des bâtiments destinés à la perception de l'octroi, l'impôt sur les marchandises qui pénétraient dans la capitale. Elles furent presque toutes détruites pendant la Révolution. Sur quarante-sept, seules quatre ont survécu. La barrière de Chartres située dans le parc Monceau, la barrière d'Enfer, place Denfert-Rochereau, la rotonde de la Villette et la barrière du Trône place de la Nation.

Des maquettes des bâtiments détruits sont visibles au musée de la Saline royale d'Arc-et-Senans. On y découvre aussi d'autres bâtiments imaginés par Ledoux mais qui ne sont jamais sortis de terre. On croirait les décors d'un film d'anticipation. On y voit une bibliothèque en forme de pyramide, un cimetière où les cendres des défunts reposent autour d'une gigantesque sphère destinée à la communion des âmes, une maison de plaisir dont le plan de masse est très évocateur.

Une fois libéré et oublié, l'architecte reclus imagina même une extension à la Saline royale, un autre demi-cercle complétant le premier. L'ensemble devait former la cité idéale de Chaux. Le projet reste à l'état d'utopie. Claude-Nicolas Ledoux meurt en 1806, dans l'anonymat le plus complet.

Utopiques aussi, les prévisions en matière de production. Imaginée pour atteindre 60 000 quintaux par an, l'infrastructure ne produira pas plus de 40 000 quintaux. Face à la concurrence liée à la mise au point de nouveaux processus de production, l'établissement ferme définitivement ses portes en 1895. La Grande Saline de Salins-les-Bains produira du sel jusqu'en 1962.

Le sel n'a pas disparu du paysage économique franc-comtois. À Tavaux, dans le Jura, un immense complexe chimique appartenant au groupe Solvay (le leader mondial de l'industrie chimique) extrait chaque année 700 000 tonnes de sel. Aujourd'hui, seuls 10 % du sel produit en France sont destinés à l'alimentation. Avec le sel, on produit surtout du savon, des détergents, de l'eau de Javel, du papier, des produits pharmaceutiques, du plastique, du PVC notamment (polychlorure de vinyle). Comme son nom l'indique, c'est le chlore qui entre dans sa fabrication. Grâce à l'électrolyse, on sait, depuis le milieu du XIXe siècle, séparer les deux composants du sel : le chlore d'un côté, le sodium de l'autre. Le PVC est utilisé pour fabriquer une foule d'objets du quotidien, des équipements automobiles aux ordinateurs, en passant par des emballages qui permettent – ironie du sort – de conserver des aliments.

Le grain de sel qui sort de la salière est minuscule. Quelques dixièmes de millimètre. Son pouvoir est extraordinaire. Cet agglomérat de cristaux nous fait voyager dans le temps et dans l'espace, plonger dans l'infiniment petit et dans les profondeurs des océans et nous aspire dans les entrailles de la Terre ou les gouffres du temps.

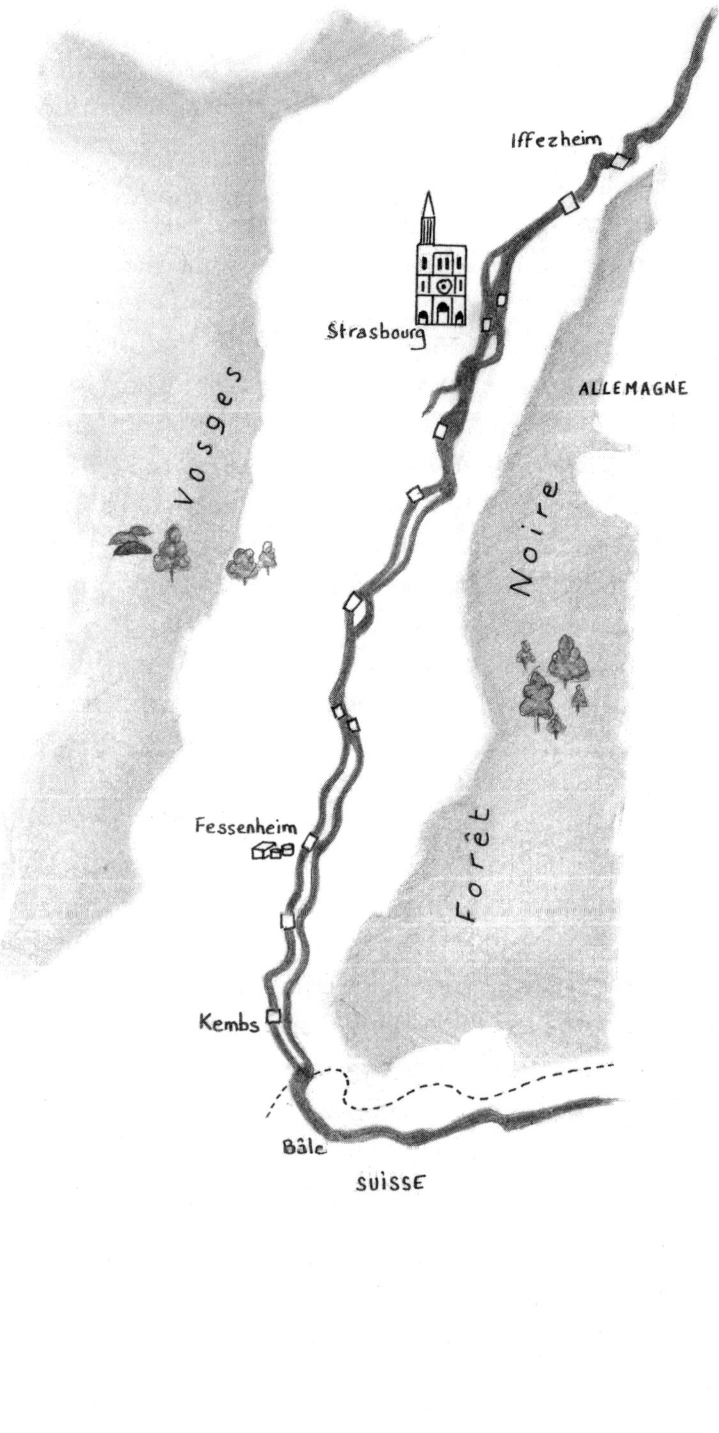

Iffezheim
Strasbourg
ALLEMAGNE
Vosges
Noire
Forêt
Fessenheim
Kembs
Bâle
SUISSE

La houille blanche du Grand Canal d'Alsace

Comment domestiquer la folle énergie du Rhin ?

À Kembs, avant, il y avait le Rhin, sauvage et imprévisible, charriant l'eau des Alpes en toute liberté. Fougueux au début de l'été, au moment de la fonte des neiges, mais également prompt à s'emballer en plein hiver au moindre redoux. À la fois Dr Jekyll et Mr Hyde, il réjouissait et faisait trembler les populations. Il pouvait tout donner d'un bras et tout reprendre de l'autre. Il fournissait l'eau aux agriculteurs de la plaine, mais était capable de sortir de son lit et de tout emporter quelques jours avant la récolte.

Le Rhin prend sa source en Suisse, dans le massif du Saint-Gothard. Il se jette dans la mer du Nord après un périple de 1 230 kilomètres, qui longe ou traverse six pays : la Suisse, le Liechtenstein, l'Autriche, l'Allemagne, la France et les Pays-Bas. Quand il pénètre sur le territoire français, à quelques kilomètres de Kembs, le fleuve a déjà capté une partie des eaux des quatre premiers pays. Son débit au mois de juin atteint alors en moyenne mille mètres cubes par seconde. En 1876, ce chiffre a même été multiplié par six.

Le Grand Canal d'Alsace

Aujourd'hui, à Kembs, le Rhin est difficilement visible. Il est noyé sous la végétation et surtout masqué par le « Grand Canal d'Alsace ». Le qualificatif n'est pas usurpé. L'ouvrage s'étire sur 52 kilomètres. L'eau glisse entre deux berges de béton interdisant tout écart de conduite. À Kembs, sa largeur atteint presque 150 mètres. Quand le premier tronçon a été inauguré en 1932, il était plus large que le canal de Suez.

À la hauteur du village, il est enjambé par un imposant bâtiment qui se dresse comme un mur face au courant : une centrale hydroélectrique. Des angles droits, des piliers en béton armé, des baies vitrées hautes et étroites, de l'acier et des pavés de verre. Un style épuré, martial, un peu froid. L'Art déco version industrie. Le triomphe de la technologie sur les éléments. Une manière de montrer que les hommes ne vivraient plus sous la menace du fleuve, qu'ils l'avaient « dompté » ou « domestiqué », comme s'il s'agissait d'un animal sauvage qu'ils avaient enfin su maîtriser et dont ils exploitaient désormais la force.

Quelques centaines de mètres en amont de l'édifice, le canal se divise en deux bras. D'un côté le canal de force qui alimente la centrale hydroélectrique de Kembs, de l'autre une voie de navigation fermée par une écluse.

Les eaux se rejoignent juste après et glissent paisiblement jusqu'à la centrale suivante.

Une route permet de franchir le canal de force pour rejoindre l'autre bras et les écluses. À cet endroit, il y a un petit restaurant, Le Chalet. Il porte bien son nom. Il tranche avec les bâtiments qui l'entourent et avec les maisons à pans de bois qui caractérisent l'habitat traditionnel alsacien. Comme s'il avait glissé depuis les pentes vosgiennes et s'était arrêté au milieu du Rhin. On peut y louer des vélos pour explorer les berges du canal. Certains sont électriques. Le fleuve fournit l'équivalent des deux tiers de la consommation en électricité de l'Alsace. On peut dire que deux vélos sur trois fonctionnent avec celle produite par le Rhin.

Une passerelle permet de traverser la voie de navigation, juste au-dessus de l'écluse. Quand une péniche s'engage dans un sas, cyclistes et piétons s'arrêtent. Je ne peux pas résister à ce spectacle. Comme le décollage d'un avion, l'envol d'une montgolfière ou la plongée d'un sous-marin, il est l'expression du génie humain.

L'écluse de Kembs est équipée de deux sas, deux énormes baignoires dont la plus grande fait 190 mètres de long (deux terrains de football !), 25 mètres de large et 20 de profondeur. Ils sont à même d'héberger des convois de 3 500 tonnes, l'équivalent de 140 camions. Quand l'un d'eux remonte le courant et que le sas est vide, il se glisse à l'intérieur. Puis les portes se referment. Les vannes s'ouvrent en amont. La baignoire se remplit. La péniche monte en même temps que l'eau.

Du haut de la passerelle, j'ai le sentiment de participer aux opérations. Quand le niveau du bief supérieur est atteint, les portes situées en amont s'ouvrent ; 600 tonnes d'acier sortent de l'eau et s'élèvent dans l'encadrement du portique, comme une gigantesque guillotine. Après vingt minutes d'attente, la péniche remet les gaz et s'extirpe du sas. Je regrette de ne pas être à bord.

En quittant l'écluse, la piste cyclable circule entre le Grand Canal et le vieux Rhin. Son détournement a donné naissance à une île aussi longue que l'ouvrage artificiel et large de quelques centaines de mètres : je suis sur l'île du Rhin. La pente monte tout doucement. C'est le calme plat. Rien à voir avec le comportement mouvementé décrit par les bateliers des siècles précédents. Après avoir descendu les Alpes, j'ai le sentiment que le fleuve se laisse guider, qu'il s'accommode des barrières qu'on lui impose. Comme s'il prenait un peu de bon temps et qu'il en profitait pour recharger ses « batteries ». La route est encore longue pour rouler jusqu'à la mer du Nord. Plus de 800 kilomètres, d'abord entre la France et l'Allemagne, puis à travers les Länder du Bade, du Palatinat et de Rhénanie avant de se perdre sur le territoire des Pays-Bas où le Rhin a bien du mal à trouver la sortie.

Plus loin, la piste débouche sur un barrage. C'est ici que le Rhin se sépare en deux. D'un côté le fleuve, de l'autre le canal destiné à la navigation et à la production électrique. L'eau n'a pas le choix. Le barrage a été aménagé pour l'empêcher de suivre son itinéraire naturel. En plein été, les passes n'y laissent entrer que 150 m^3/s. Davantage si le débit augmente trop en amont. L'hiver, il doit se satisfaire du tiers. Le vieux Rhin sert de soupape. Une passerelle accessible aux piétons et aux vélos a été aménagée au-dessus du barrage. De l'autre côté, on parle allemand.

La piste cyclable plonge vers l'ancien lit du fleuve. Il se trouve 11 mètres sous le niveau du canal. Le sentier se faufile le long de la rive droite entre les peupliers noirs et les argousiers. Les saules qui ont pris possession des berges masquent la vue de l'eau. Elle n'apparaît plus que par lambeaux. Puis plus du tout. Impossible de maintenir le cap et de suivre le tracé du fleuve. La piste s'éloigne du rivage, s'égare dans les prairies sèches, grimpe sur un talus, une ancienne digue destinée à contenir les débordements du fleuve.

Derrière le rideau de végétation, les rochers émergent des flots. Il s'agit de la barre d'Istein. Elle traverse en pointillé le lit du fleuve. Une roche blanche, calcaire. Le courant si docile quelques mètres plus haut doit maintenant se contorsionner pour trouver un passage. L'eau ne glisse plus, elle bondit et retombe avec fracas, éclaboussant tout autour d'elle. Depuis la berge le premier rocher est facilement accessible. Il faut faire attention où on pose les pieds. Avec l'humidité, les mousses se sont développées en surface. Le marcheur est vite déséquilibré. Quelques enjambées suffisent pour se retrouver au milieu du vieux Rhin. Seul au monde. L'eau qui bouillonne masque les bruits tout autour, accentuant le sentiment d'isolement[1].

Comment dompter un fleuve

Il y a un rocher un peu plus grand que les autres, presque plat. L'été, la pierre est chaude. On s'y assoit, on peut même s'y allonger. L'érosion l'a taillé en pointe. On se croirait à la proue d'un navire et l'eau qui se fend en heurtant cette extrémité donne l'illusion du mouvement. En fermant les yeux la légende la plus célèbre du Rhin remonte inévitablement à la surface : « Die Lorelei ». Le rocher de la sirène aux cheveux d'or se trouve bien en

1. Attention, le niveau de l'eau peut varier à tout moment du fait de la produciton électrique. Et si le fleuve grossit, on risque d'être emporté…

aval. Il surplombe le bourg de Saint-Goarshausen au sud de Coblence. Le Rhin n'est alors plus en France, il traverse l'Allemagne. À cet endroit, à cause du rocher qui s'avance, son lit se resserre. C'est le passage le plus étroit du fleuve. Il y a énormément de courant et de remous. De nombreux bateaux y ont fait naufrage. La légende raconte que la voix envoûtante de la sirène hypnotisait les marins, les détournant de la vigilance dont ils devaient faire preuve en franchissant ces méandres, et les précipitait, eux et leurs embarcations, vers le fond ou sur l'éperon rocheux. Le rocher de Lorelei se trouve à environ 400 kilomètres en aval de la barre d'Istein. Il est loin, mais, avec le tumulte de l'eau, on ne peut s'empêcher d'y penser. Les vers d'Apollinaire inspirés du poème d'Heinrich Heine reviennent en mémoire :

Ô belle Lorelei aux yeux pleins de pierreries
de quel magicien tiens-tu ta sorcellerie[1].

Les hommes naviguent sur le Rhin depuis le Moyen Âge. Le fleuve traverse la région alors la plus peuplée d'Europe, l'une des plus riches également. Il donne aux cantons suisses un accès direct à la mer du Nord. Mais le trafic est soumis aux caprices du fleuve. Durant les basses et les hautes eaux, les bateaux restent à quai. Cette « dormance » peut durer de longues semaines. Jusqu'au début de l'ère industrielle, les bateaux ne circulent en moyenne que deux cents jours par an. Les mauvaises années, le va-et-vient sur le Rhin ne dépasse pas une centaine de jours.

Pour améliorer le trafic, on décide alors d'aménager le cours du fleuve. On veut aussi en finir avec les

1. Guillaume Apollinaire, *Alcools*, Paris, Gallimard , 1920.

inondations destructrices et surtout l'indiscipline du fleuve. Il dessine des méandres. Il se divise parfois en plusieurs bras qui, d'une année sur l'autre, modifient leurs itinéraires. La frontière entre le Bade allemand et l'Alsace française ne cesse de se déplacer. Certains villages passent successivement d'une rive à l'autre. Dans la plaine, les bras qui avancent alimentent des marécages propices au développement des maladies.

Les travaux débutent aux alentours de 1820. On choisit de réunir le débit dans un lit unique. Les méandres sont supprimés, on construit des digues, espacées de 200 à 250 mètres, d'où le fleuve ne peut s'échapper. Le cas échéant, des protections élevées plus loin permettent de contenir les crues. Les villages et les cultures sont enfin protégés. Le marais est asséché, des terres agricoles sont gagnées. Au bord du fleuve, un chemin de halage est aménagé. L'homme semble avoir pris le dessus.

Mais, en rectifiant le cours du Rhin, sa longueur a été raccourcie. Entre Bâle et Mannheim, il a été amputé de plus de 70 kilomètres. Le dénivelé, lui, est resté le même. Comme la distance est plus courte, la pente est plus accentuée. Le courant s'accélère et il commence à raboter le lit du fleuve. À Kembs, il s'enfonce de 4 mètres, dégageant le socle calcaire qui apparaît aujourd'hui à l'air libre.

La navigation, qui devait profiter des aménagements, s'en trouve au contraire affectée. Le passage de la barre d'Istein devient très dangereux. Pour comprendre il faut imaginer un paysage sans l'actuel Grand Canal, le fleuve courant dans un lit qui s'étendait jusqu'à l'île du Rhin, avec la barre rocheuse totalement noyée sous l'eau. Son franchissement est devenu une épreuve. Le pousseur et le chaland doivent d'abord se séparer. La machine monte en premier. Elle s'amarre solidement, puis l'équipage enroule les cordages autour des cabestans. Ça mouline et doucement on remonte le chaland jusqu'au pousseur.

À l'époque, les convois qui remontent depuis la mer du Nord atteignent 1 200 tonnes quand ils entrent dans le port de Strasbourg. Au-delà, pour aller jusqu'à Bâle, ils ne peuvent pas dépasser 500 tonnes. Le long du Rhin, le commerce décline au fur et à mesure que son lit se creuse. Pour éviter la catastrophe, une nouvelle campagne de travaux est engagée. On redonne un peu de souplesse au fleuve. En aval de la capitale alsacienne, les résultats sont immédiats. La Suisse réclame la poursuite des travaux jusqu'à sa frontière. Mais le mal est fait. La pente semble impossible à réduire et la barre d'Istein difficile à supprimer.

De Lorelei à la fée électricité

Un ingénieur local, René Koechlin, a alors une idée de génie. Il imagine la construction d'un canal latéral au Rhin. Entre Bâle et Strasbourg, il y a une chute de 108 mètres. Le projet prévoit de les descendre en escalier. Huit sections que les bateaux doivent monter et descendre en franchissant des écluses. Le projet est ambitieux, car, en ce début de XXe siècle, les forces du fleuve n'inspirent pas que les poètes. Les ingénieurs succombent aux promesses d'une autre fée qui sommeille dans son lit. Elle se nomme électricité. Le projet de Koechlin prévoit que chaque section sera équipée d'une centrale qui exploitera la puissance de l'eau pour produire de l'électricité.

Les travaux débutent en 1928. On construit le barrage et des digues pour canaliser l'eau sur son nouveau trajet. La première section qui court jusqu'à Kembs fait un peu plus de 6 kilomètres. Le plancher du fleuve y est relevé de 7 mètres, ce qui permet de réduire la vitesse du courant. À Kembs, on aménage une double écluse et une centrale hydroélectrique, la première du vaste dispositif imaginé par Koechlin. La première tranche est achevée en 1932.

Initialement, le canal devait longer le fleuve sur 111 kilomètres jusqu'à Strasbourg. Le projet a dû être revu à la baisse. Les ingénieurs ont construit un ouvrage étanche qui ne permet pas à l'eau de s'infiltrer dans le sol comme elle le fait quand elle roule dans le lit du vieux Rhin. La nappe phréatique n'est donc plus alimentée correctement. À la même époque, on souhaite aussi offrir à l'Allemagne un accès à la rive droite du Rhin, ce qui était devenu impossible avec le canal puisqu'il se trouve sur le territoire français. Au final, le Grand Canal d'Alsace a été réduit à 52 kilomètres entre Kembs et Vogelgrun. Il est composé de quatre sections équipées chacune d'une double écluse et d'une centrale hydroélectrique. Celle de Kembs se trouve en tête du cortège.

Ce qui étonne quand on pénètre dans la salle des « machines » de la centrale hydroélectrique, c'est son volume : 160 mètres de longueur, 15 mètres de large et 18 mètres de hauteur, d'un seul tenant, sans aucune cloison. Depuis la coursive, on a une vue directe sur les machines. Six énormes cloches identiques, équipées d'armatures métalliques et de bastingages, alignées les unes derrière les autres, ayant chacune leur couleur : jaune, vert, rouge, bleu, vert bouteille et gris souris. Les machines affichent rarement une telle exubérance. Elles répondent à un code. Le long du Grand Canal, tous les turboalternateurs sont identifiés par une couleur ; toujours la même en fonction de leur emplacement.

Ce qui étonne également, c'est le bruit. Il n'y en a pas, si ce n'est un ronronnement. Il faut quelques minutes pour en prendre conscience. Au début, on pense que les machines sont à l'arrêt, et pourtant non, elles tournent à plein régime, mais ici, ce ne sont pas des moteurs et les frottements sont réduits au minimum afin d'obtenir le meilleur rendement.

Comment fonctionne une centrale hydroélectrique ?

Quelques mètres plus bas, il est possible d'observer une partie du mécanisme. Il ne faut pas être claustrophobe. Un escalier et un passage étroit conduisent sous les turboalternateurs. Bien que l'on reste à distance, on distingue très nettement l'étourdissant mouvement d'un axe placé à la verticale des turboalternateurs. Il tourne à une vitesse folle, entraîné par la pression et le débit de l'eau.

Après avoir franchi une grille, l'eau plonge à l'intérieur d'un conduit qui débouche 16 mètres plus bas sur une turbine. Il y en a 6, une pour chaque turboalternateur. Imaginez une hélice de bateau de 5,60 m de diamètre posée à plat. C'est ce qu'on appelle une turbine Kaplan.

Lorsque les vannes s'ouvrent, l'eau entraîne les turbines. Sa force dépend du débit et de la pression, elle-même liée à la hauteur de la colonne d'eau, d'où la nécessité de créer une chute de 16 mètres. La turbine est fixée à l'axe vertical que l'on a vu tourner. À son sommet se trouve le rotor, une pièce composée d'électroaimants. Il tourne à l'intérieur d'un stator qui, comme son nom l'indique, ne bouge pas. Il s'agit d'un énorme anneau pesant 250 tonnes, équipé de bobines de fil de cuivre.

Ces équipements composent les 6 turboalternateurs alignés les uns derrière les autres à l'intérieur du bâtiment principal de la centrale.

Quand un aimant s'approche d'une bobine de fil de cuivre, le champ magnétique induit un bref courant électrique. À Kembs, le rotor du premier générateur effectue plus de 93 tours par minute. En se déplaçant à l'intérieur du stator, ses aimants génèrent une variation de champ magnétique qui induit dans les bobines du stator un courant électrique alternatif. L'électricité produite atteint 8 800 volts. Les transformateurs qui jouxtent la centrale font grimper sa tension à 225 000 volts. Elle peut alors alimenter le réseau.

Toutes les centrales électriques fonctionnent sur le même principe. Elles transforment de l'énergie mécanique en énergie électrique. Les centrales thermiques utilisent de la vapeur sous pression qui à son tour fait tourner des turbines. La chaleur, nécessaire à la production de vapeur, est obtenue en brûlant des combustibles fossiles qui émettent du CO_2 dans l'atmosphère, l'un des principaux gaz responsables de l'augmentation de l'effet de serre et du dérèglement climatique. Les centrales nucléaires utilisent également de la vapeur pour faire tourner leurs turbines. Elles produisent de la chaleur en utilisant l'énergie dégagée par la fission de certains atomes comme l'uranium. Elles n'émettent pas de CO_2 mais produisent des déchets radioactifs extrêmement dangereux dont on ne sait pas se débarrasser.

Les centrales hydroélectriques utilisent la force de l'eau, la « houille blanche », expression inventée à la fin du XIXe siècle par l'ingénieur Aristide Bergès. Elles rejettent très peu de CO_2 et ne produisent aucun déchet que l'on ne saurait faire disparaître. En France, en 2016, elles assuraient 12 % de la production d'électricité, loin devant le solaire et l'éolien mais très loin derrière le nucléaire qui cumule 72 % de la production. Difficile de faire davantage avec la force de l'eau car, à l'exception de micro-installations, tous les sites à fort potentiel sont aujourd'hui exploités.

Il faut trois jours en bateau pour aller de Bâle à Rotterdam. Sur le trajet, on longe 12 centrales hydroélectriques qui produisent 8,5 milliards de kWh/an, l'équivalent de la consommation annuelle de 1,8 million de personnes. Sur le Grand Canal, on passe aussi à proximité de la centrale nucléaire de Fessenheim. Sa fin est programmée, selon l'Autorité de sûreté nucléaire, « au plus tard en septembre 2020 pour le réacteur numéro 1 et août 2022 pour le réacteur numéro 2 ». Elle est plus discrète que beaucoup de centrales nucléaires, le débit régulier du grand canal a permis d'éviter la construction d'imposantes tours de refroidissement. En attendant l'arrêt complet des réacteurs et le stockage du combustible, l'eau du Rhin va pendant quelques années encore refroidir les installations : un dernier monstre à dompter sur cette terre de légendes.

La houille noire des pays miniers du Nord

Comment expliquer l'extraordinaire processus de fossilisation du charbon ?

Le 19 juin 1900, des cohortes de mineurs se dirigent vers la gare d'Anzin. Ils se sont levés tôt et ont revêtu leur tenue des grands jours. Ils attendent ce moment depuis des semaines. Ce n'est pas la colère qui les a mis dans la rue, au contraire. L'excitation et les sourires se lisent sur les visages.

Les compagnies minières d'Anzin et de Bruay ont décidé d'offrir aux mineurs qui le souhaitent une visite de l'Exposition universelle. Plusieurs trains ont été affrétés auprès des chemins de fer du Nord et à 5 h 45, après quelques pelletées de charbon jetées dans la chaudière de la machine, le cortège s'ébranle en direction de Paris.

Pour les industriels, c'est l'occasion de présenter les produits qui sortent de leurs usines et de mettre en valeur leur savoir-faire. La métallurgie occupe une place d'honneur dans ce concert d'innovations. L'Occident a besoin de fer, de fonte et d'acier pour fabriquer les machines de ses usines, les rails, les locomotives, et les charpentes.

Depuis la tour de l'ingénieur Gustave Eiffel, d'autres ouvrages d'art ont été bâtis, illustrant l'extraordinaire potentiel de ces matériaux. Comme il faut du charbon pour alimenter les machines à vapeur et qu'il en faut aussi pour transformer le minerai de fer en fonte ou en acier, le combustible fossile est à l'honneur. Sur le Champs-de-Mars, un palais lui est consacré. Les visiteurs y découvrent machines et maquettes. La compagnie de Bruay a fait fabriquer des modèles réduits de plusieurs de ses puits.

Le clou du spectacle est situé sur la rive droite de la Seine, dans les anciennes carrières du Trocadéro. Le Comité central des houillères de France et les compagnies minières y ont reconstitué une mine. Le bâtiment, qui a été construit sur la butte pour accueillir le public, évoque l'environnement minier : une halle aux murs de brique percés par de larges verrières et dominée par un magnifique chevalement, celui de la fosse d'Arenberg. Une construction métallique à la fois robuste et élégante qui chevauche le puits et permet aux hommes de descendre et au charbon de remonter.

Pour accéder aux galeries, le public peut emprunter une rampe ou descendre par la cage comme le font les mineurs chaque matin. Une cinquantaine de visiteurs y prennent place. Ceux d'Anzin et de Bruay se retrouvent ici un peu chez eux. La descente est plus lente, elle dure moins longtemps et on y est moins serré. Il y fait aussi moins chaud, l'atmosphère est moins humide, et puis il n'y a pas le bruit assourdissant des galets qui roulent le long des guides. Mais on y croit. Grâce à une toile qui défile dans l'autre sens, les passagers ont l'illusion de s'enfoncer dans les profondeurs de la Terre.

Quand les portes s'ouvrent, ils se retrouvent face à un chantier d'abattage. Le grand public qui a découvert l'univers de la mine en 1884, au travers de *Germinal*, le roman à succès d'Émile Zola, est un peu surpris. Ce n'est pas l'image qu'il se faisait de la mine.

De fait, en quinze ans, les choses ont évolué. C'est loin d'être le paradis mais le triomphe de la machine à vapeur a révolutionné le fonctionnement des mines. Elle produit de l'électricité qui descend jusque dans les galeries pour éclairer les mineurs. Avec la machine à vapeur, on produit de l'air comprimé qui alimente les foreuses et soulage les hommes qui doivent percer la roche afin d'y glisser les bâtons de dynamite. Les enfants ne poussent plus les berlines. Bientôt la rivelaine aura disparu. Pour abattre le charbon, les mineurs utiliseront le marteau-piqueur, puis la haveuse.

Le Centre historique minier de Lewarde

Aujourd'hui, à Lewarde, Oignies, Wallers-Arenberg, Liévin ou Bruay, les chevalements dominent toujours aussi fièrement les bâtiments en brique des houillères. La molette au sommet est encore fixée sur son axe. Mais le câble qui s'enroulait autour de cette énorme roue et remontait la cage transportant les hommes ou le skip qui contenait le charbon, a disparu. La roue ne tourne plus. On a l'impression que quelqu'un a appuyé sur le bouton « stop ».

De cette épopée, qui a commencé au XVIIIe siècle, il reste aussi des conquêtes sociales, une culture, et enfin des savoirs. L'exploitation du combustible fossile a permis d'engranger des connaissances sur l'histoire géologique de notre planète. Il a donné son nom à une période géologique : le Carbonifère.

Le charbon est issu de la transformation de végétaux terrestres. Sa formation a commencé il y a 390 millions d'années. Dans le Nord et le Pas-de-Calais, le processus est un peu plus récent, il remonte à 320 millions d'années. À l'époque, le paysage du nord de la France n'avait rien de commun avec ce qu'il est aujourd'hui. La planète entière était méconnaissable. Les continents n'occupaient pas leurs positions actuelles. Impossible même de deviner leurs contours, à plus forte raison ceux d'un pays ou d'une région.

Quand on décrit la mise en place des continents, on a coutume de faire remonter le début de l'histoire à ce qu'on appelle la Pangée, le supercontinent à partir duquel, il y a 200 millions d'années, se sont progressivement détachés tous les autres. Or notre planète est âgée de 4,5 milliards d'années. D'autres épisodes ont précédé la Pangée. Le charbon permet de remonter au-delà et d'envisager un monde aux contours différents.

Il y a 320 millions d'années, deux continents émergent des océans : la Laurasia au nord et le Gondwana au sud. Les territoires, qui, plus tard, composeront l'Europe du Nord, sont disséminés sur le premier. Ces deux blocs ont entamé leur rapprochement. Bientôt, ils ne feront plus qu'un. En migrant l'une vers l'autre, les plaques tectoniques sont entrées en collision. D'immenses montagnes se sont dressées : les massifs hercyniens. Une chaîne, comparable à l'Himalaya, hérissée de sommets atteignant 8 000 mètres d'altitude, dont il ne reste plus aujourd'hui que des vestiges sur le sol français : le Massif central, les Vosges, les Ardennes et le Massif armoricain. Ces hauts reliefs vont jouer un rôle déterminant dans la formation du charbon...

Des fossiles très bavards

L'analyse des fossiles qui ont été remontés des mines lors des missions d'étude et de prospection a permis de reconstituer l'environnement de la région à cette époque. Impossible de lire dans le charbon. En revanche, les grès et les schistes qui encadrent les veines sont très bavards. Des végétaux y ont laissé leurs empreintes. Des lambeaux de feuilles sont incrustés dans la roche, parfois des feuilles entières. On y reconnaît facilement la silhouette d'une fougère.

Ces fossiles sont visibles au Centre historique minier de Lewarde. Je peux rester figé devant les vitrines du musée derrière lesquelles ils sont exposés pendant de longues minutes tellement ils nous font voyage dans le temps. Les végétaux qui ont laissé leurs empreintes poussaient dans les environs il y a plus de 320 millions d'années. Les contours sont intacts, comme s'il s'agissait d'un moulage récent. Le sous-sol de la région en est truffé. Combien ont été brisés par la rivelaine, éclatés par le marteau-piqueur ou broyés par la haveuse au moment de préparer l'abattage ? Combien sont passés entre les mains des mineurs avant d'être rejetés plus bas, sans générer d'émotion ?

Pour les paléontologues et les géologues, ce sont des indices précieux. En effet, le processus de fossilisation est complexe, il avorte pour un rien. Une telle densité de fossiles ne peut donc être justifiée que par la présence à cet endroit, il y a 320 millions d'années, d'une végétation très abondante.

Il faut imaginer de vastes forêts couvertes de fougères. Certaines ne dépassent pas quelques dizaines de centimètres de hauteur, d'autres sont arborescentes. Elles poussent au milieu d'arbres beaucoup plus grands : des « calamites », l'ancêtre des prêles. Celles qui poussent aujourd'hui sont ridicules à côté de leurs lointaines aînées qui atteignaient 20 mètres de hauteur. Les paléobotanistes ont aussi identifié des cordaites, cousins de nos pins, et des sigillaires, des arbres préhistoriques. Au Centre historique minier de Lewarde, on peut en observer un fragment, ce qui facilite la représentation mentale de ces formes venues d'un passé si lointain et permet de donner un peu de vie à un vocabulaire qui semble échappé du *Seigneur des anneaux* ou d'un roman d'heroic fantasy.

Enfin, dominant cette forêt insolite, des lépidodendrons. Cet arbre est un peu l'emblème du Carbonifère. Son tronc a une forme légèrement conique, ses branches se divisent en deux et plient sous le poids des cônes reproducteurs qui pendent à leurs extrémités. Il n'y a pas encore de fleurs. Pas de pollen. Ces cônes ressemblent à des épis de maïs, ils sont pleins de sporanges, des corpuscules qui interviennent dans le processus de reproduction de ce type de plantes. Chaque gramme de charbon en contient des milliers.

L'analyse des troncs a permis d'en savoir un peu plus. L'observation des cernes – les cercles concentriques qui se dessinent sur la coupe horizontale du tronc – permet de connaître l'âge d'un arbre mais aussi de recueillir de précieuses informations sur les conditions climatiques dans lesquelles il a poussé.

Sous nos latitudes, chaque cerne est divisé en deux. À l'œil nu, on distingue très bien un cercle de couleur claire et un autre plus foncé et plus étroit. La combinaison des deux correspond à la croissance d'une année. La partie claire au printemps et au début de l'été, la partie brune à l'automne et à l'hiver. Mais en y regardant de plus près, on constate que les cernes ne sont pas réguliers. En fait, plus un cerne est large, plus la période de croissance a été humide. Plus elle est fine, plus la saison a été sèche. On peut même, en lisant les cernes, retrouver la trace d'un incendie ou d'une maladie. Grâce à ce « matériel » parfaitement lisible même lorsqu'il a été fossilisé, les paléoclimatologues peuvent reconstituer le climat du passé.

Sur les fossiles retrouvés dans les bassins miniers d'Europe du Nord, aucun cerne n'apparaît. Cela signifie-t-il que les scientifiques manquent d'informations ? Non, au contraire. Au niveau de l'équateur, les saisons sont inexistantes. Il est impossible de donner l'âge d'un arbre qui provient de cette région. L'absence de cernes sur le lépidodendron indique donc que, il y a 320 millions d'années, le Nord et le Pas-de-Calais se trouvaient au niveau de l'équateur. Que de chemin parcouru depuis : ces départements sont aujourd'hui situés à 50° de latitude Nord.

L'analyse des racines fossilisées apporte de nouvelles précisions. Elles sont étalées, un signe qui ne trompe pas. Elles ont évolué dans ce sens afin d'améliorer l'ancrage des végétaux dans un sol fragile, comme un trépied assure une meilleure stabilité à une caméra ou un appareil photo. Une telle architecture indique que cette forêt poussait dans un milieu humide comparable au climat qui règne aujourd'hui au niveau de l'équateur. Les Hauts-de-France formaient alors un vaste delta, comme celui du Mississippi. C'est à partir des éléments de ce décor que le charbon s'est formé, au terme d'un formidable scénario dominé par la tectonique et la chimie, où les séquences s'enchaînent en cascade.

La lente formation du charbon

Tout commence dans le sous-sol. Le Gondwana et la Laurasia se rapprochent. En profondeur, les plaques tectoniques subissent d'énormes contraintes. Impossible de résister. Ici elles forment des montagnes, là elles finissent par craquer. Les blocs se fissurent, provoquant par endroits l'affaissement du sol. Le niveau des mers augmente. L'eau pénètre dans les terres et envahit les deltas.

La végétation qui avait trouvé le moyen de se maintenir sur un sol humide a maintenant les pieds dans l'eau. Les racines ne sont plus en mesure d'assurer leurs fonctions. Privées d'oxygène, elles étouffent. Le sol, devenu instable, ne leur permet plus de s'arrimer. Impossible dans ces conditions de soutenir les troncs et leurs houppiers. Les uns après les autres, les arbres se couchent. La forêt disparaît, noyée sous l'eau.

Les montagnes, qui se sont formées à la suite de la collision des plaques, ne sont pas très loin. Elles vont jouer un rôle décisif dans le processus de formation du charbon. Une partie de la pluie qui s'abat sur les reliefs ruisselle sur les pentes. Elle arrache des matériaux et les transporte jusqu'au ruisseau le plus proche. Puis, de torrent en rivière, l'eau les achemine jusqu'aux anciens deltas où, faute de courant, ils vont se déposer au fond de la lagune, recouvrant petit à petit les végétaux détruits par la montée des mers. C'est dans ces couches sédimentaires constituées de schistes et de grès que des plantes fossilisées ont été découvertes. À l'origine, elles se trouvaient dans la partie supérieure de la couche de végétaux morts, en contact avec les sédiments descendus des montagnes.

De telles conditions vont modifier le processus habituel de décomposition des végétaux. En principe, une fois morte, une plante se décompose. Nous avons tous été témoins du phénomène. Passé un certain délai, les fruits ou les légumes ramollissent. Ils se déshydratent. Privées d'eau, les cellules ne peuvent plus exercer de pression et se maintenir les unes contre les autres. Petit à petit, la chair flétrit, la couleur change à cause de l'oxydation. Si on ne s'en débarrasse pas et que l'on poursuit l'observation, les moisissures apparaissent. Au fil des jours, une pellicule grisâtre s'étend et finit par coloniser toute la surface. La taille diminue à vue d'œil. À l'intérieur, les bactéries sont à l'œuvre. Rien ne peut les arrêter. En quelques jours, elles vont faire un sort à ce festin. Après quelques semaines, le fruit ou le légume a totalement disparu, il ne reste qu'un tas de poussière.

Rien ni personne n'est épargné. Tous les êtres vivants, végétaux, animaux, êtres humains compris, sont promis à cette fin, même les plus solides. Nous nous sommes tous promenés en forêt. Elles sont pleines de vieilles souches. À l'œil nu, on devine que les tissus ont perdu de leur fermeté. Un léger coup de pied le confirme ; ils partent en lambeaux, répandant une odeur de moisissure propre aux sous-bois. C'est le résultat du travail des bactéries et des champignons, auxquels se sont associés des bataillons d'invertébrés – insectes et vers en tout genre – qui, en quelques années, sont venus à bout d'un géant, abattu par la tempête ou la chaîne d'une tronçonneuse.

Ce phénomène est vieux comme le monde et comme la vie même, car il est indispensable à son renouvellement. Les organismes qui vivent à la surface de notre planète sont principalement composés de carbone, d'hydrogène, d'azote et d'oxygène. Ces atomes sont agencés en molécules complexes. Les micro-organismes qui s'y attaquent y puisent tous les éléments et toute l'énergie dont ils ont besoin pour se multiplier. Mais, au passage, en digérant la matière organique, ils découpent les molécules complexes pour en faire des molécules plus simples, les seules qui sont assimilables par les plantes.

Au cours de ce processus, dit de minéralisation, le carbone, par exemple, s'associe à l'oxygène et se transforme en CO_2 (dioxyde de carbone), seule forme sous laquelle les plantes peuvent l'assimiler. Conformément à la formule de Lavoisier, « Rien ne se perd, rien ne se crée, tout se transforme », la nature se débarrasse des organismes morts, tout en préparant le terrain de ceux qui vont leur succéder.

Ce processus n'a pas pu se déclencher sur les végétaux qui ont engendré le charbon. Pour faire leur travail, les micro-organismes qui opèrent en surface ont besoin d'oxygène. Or celui-ci a totalement disparu avec la montée des eaux puis le dépôt des sédiments. Les végétaux vont donc se transformer différemment. D'abord, ils perdent leur eau, puis d'autres bactéries prennent le relais. Puisqu'elles peuvent vivre sans oxygène on les qualifie d'anaérobies. Elles utilisent l'azote contenu dans la matière organique, capturent l'oxygène qui est combiné aux autres atomes, mais elles ne touchent pas au carbone.

Petit à petit la concentration du carbone augmente. Sur un arbre encore vivant ou débité en bois d'œuvre ou de chauffage, elle atteint 50 %. Dans l'anthracite, stade ultime de la fossilisation, elle atteint plus de 95 %. Quasiment tout a disparu, sauf le carbone. Le processus est lent : il dure des millions d'années, au cours desquelles le charbon prend différentes formes. Les végétaux se transforment d'abord en tourbe, puis en lignite, en houille et enfin en anthracite.

Un millefeuille de charbon

Pendant qu'en profondeur les végétaux se transformaient, en surface la mer s'est retirée. La végétation a repris ses droits. Une forêt à peu près identique à la précédente s'étend à nouveau sur le delta. Mais les failles qui se sont formées dans la croûte terrestre et qui ont provoqué le premier bouleversement n'ont pas cicatrisé. Suivant les lignes de fracture, un nouvel affaissement se produit. Les géologues parlent de « subsidence ».

Le sol s'enfonce, la forêt se retrouve à nouveau noyée sous les eaux de ruissellement. Elle se couche, bientôt recouverte par les sédiments. L'histoire recommence. La pression exercée par les couches supérieures et l'augmentation de la température (environ 1 °C tous les 30 mètres) jouent également un rôle important dans la transformation de la matière organique. Les sondages qui ont été réalisés dans le Nord, le Pas-de-Calais et en Belgique indiquent que ce scénario s'est produit plusieurs centaines de fois durant tout le Carbonifère (pendant environ 65 millions d'années). Le sous-sol du secteur ressemble aujourd'hui à un millefeuille. Quatre cents couches de charbon séparées par des couches de grès et de schiste sont empilées sur plus de 2 000 mètres de hauteur. Leur épaisseur varie de quelques dizaines de centimètres à plus de deux mètres.

Sur la coupe du sous-sol d'un bassin minier, l'empilement est parfaitement visible. Les couches se détachent très bien les unes des autres. Sur d'anciens documents, c'est même assez joli à regarder. Les ingénieurs qui les ont réalisées ont pris soin de faire figurer à la verticale des fosses les équipements de surface : le chevalement et les bâtiments liés à l'exploitation. Ils sont minuscules et perchés tout en haut du document. Si les couleurs évoquent une aquarelle, les proportions rappellent qu'il s'agit d'un document technique. L'ingénieur-artiste a laissé très peu d'air, consacrant la quasi-totalité de son œuvre à la description du sous-sol.

Mais ce qui surprend le plus, c'est la forme des couches. Elles ne sont pas horizontales. Elles dessinent des vagues. Parfois, il y a des ruptures. Les veines suivent un tracé continu, puis, brusquement, s'interrompent. Il y a une cassure. Leur prolongement se retrouve quelques dizaines de mètres plus bas.

Le mouvement des plaques tectoniques est encore à l'origine de ce tracé irrégulier. Pendant 300 millions d'années, elles n'ont cessé de se déplacer. Elles se sont rapprochées, écartées, elles sont entrées en collision, se sont déchirées, entraînant dans leur ballet les couches de charbon et de sédiments. Les ondulations que dessinent les veines ont été provoquées par la compression. Les ruptures, par des affaissements liés aux contraintes colossales qui s'exercent dans le sous-sol lors de ces mouvements.

Aujourd'hui, seule une petite partie du gisement du Nord et du Pas-de-Calais a été exploitée. Les couches les plus éloignées de la surface se trouvent à 2 000 mètres de profondeur. Or les mineurs ne sont pas descendus en dessous de 1 200 mètres. Il reste encore sous nos pieds des centaines de veines prisonnières des sédiments.

L'exploitation qui a commencé au début du XVIIIe siècle s'est arrêtée en 1990. La configuration du gisement, avec ses veines difficiles d'accès nécessitant des infrastructures de plus en plus lourdes, a rendu le charbon français de moins en moins compétitif. Comme en Belgique quelques années auparavant, les mines ont fermé leurs portes.

Au crépuscule du XXe siècle, la tentation a été grande de tout raser, pour oublier l'agonie et solder les espoirs. Effacer des mémoires les temps glorieux, quand les mines du Nord et du Pas-de-Calais constituaient l'un des fleurons de l'industrie française, assurant, comme en 1900, les deux tiers de la production nationale. Comme si tout ce qui devait rappeler le succès rendait la fermeture encore plus douloureuse. La prise de conscience, à la fin du XXe siècle, du dérèglement climatique ne plaidait pas non plus en faveur de la mise en lumière de ce passé industriel. À l'échelle mondiale, le charbon représente aujourd'hui 40 % de la production d'énergie. Mais c'est aussi le combustible qui produit le plus de CO_2.

On ne décrète pas l'oubli de 270 ans d'histoire, car les mines n'ont pas produit que du combustible. Elles sont aussi à l'origine de technologies nouvelles, de conquêtes sociales. En 1945, elles ont permis le redressement économique du pays. Les corons, les terrils et les chevalements ont façonné le paysage. Au fil des luttes, des catastrophes et des succès industriels, les mines ont forgé l'identité d'une région. L'origine de cette identité remonte à 320 millions d'années, et c'est en comprenant l'extraordinaire processus de formation du charbon que l'on saisit l'impérieuse nécessité que nous avons à le laisser là où il est, pour continuer d'avancer sans perdre le nord.

Au fil des grandes marées

Comment découvrir un autre visage du Mont-Saint-Michel ?

Chaque année, 3,5 millions de personnes franchissent les portes du Mont-Saint-Michel. Une marée humaine ! Au plus fort de l'été, les visiteurs sont là dès 9 heures le matin. Ils arrivent par vagues successives, au rythme des navettes qui vont et viennent le long de la passerelle qui relie le Mont au continent. Il faut se lever aux aurores pour se retrouver en tête-à-tête avec le Mont ou patienter jusqu'au soir, quand les parkings se sont vidés.

J'ai moi aussi fait partie du flot de pèlerins. J'avais quatorze ans, c'était à l'occasion d'un voyage de fin d'année scolaire. Le Mont-Saint-Michel figurait sur une liste de monuments où l'on trouvait le château de Versailles, la tour Eiffel, Chambord, la cathédrale de Chartres…

Combien de fois avons-nous feuilleté nos manuels scolaires et nous sommes-nous arrêtés sur ces images. Nous avons tous voyagé en les regardant. Le Mont-Saint-Michel occupait une place à part dans cet album de voyages à venir. On le savait loin, mais à notre portée. On se demandait pourquoi et comment les bâtisseurs avaient pu construire un tel monument. Je crois qu'on préférait ne pas savoir. Non par fainéantise, mais l'absence de réponse rendait l'exploit encore plus grand. Comme si le mystère ajoutait à la splendeur et qu'une part de vérité aurait pu nuire à la poésie du lieu. Aujourd'hui, je suis convaincu du contraire.

Nous nous sommes levés très tôt. Le jour poignait à peine. Après six heures de route dans la chaleur du mois de juin, le bus s'est enfin immobilisé devant le Mont-Saint-Michel. À la fin des années 1970, une voie insubmersible menait jusqu'au pied des remparts. Depuis, elle a été détruite. Le Mont et le continent sont désormais reliés par une passerelle montée sur pilotis qui permet à l'eau de circuler. Le Mont a retrouvé son caractère insulaire.

Je me souviens précisément de la descente du bus. Je saute sur le parking et je me retrouve face à un mur. Je suis au pied des remparts, beaucoup trop près pour avoir une vision d'ensemble. Cela ne ressemble pas aux images que j'ai en tête. Vu d'ici, ce n'est pas un Mont, c'est un édifice complexe, construit par les hommes, où la nature ne semble pas avoir eu son mot à dire. Où finit le socle rocheux, où commencent les fondations ? Impossible de le savoir !

Nous franchissons une première porte. Les jours de grande marée, nous dit-on, elle est condamnée. Nous sommes dubitatifs : la mer semble si loin. Nous passons une deuxième porte qui débouche dans une cour un peu plus grande, le « boulevard ». J'ai beau lever les yeux, le sommet de l'édifice reste hors de portée. La rue monte en pente douce en épousant la courbe naturelle du Mont. Elle est étroite.

À l'extrémité est, l'horizon se dégage un peu. D'immenses contreforts se dressent vers le ciel. Un escalier, quelques virages à angle droit, et nous sommes aux portes de l'abbaye. Nous n'irons pas plus loin. Le temps passe vite dans cet univers étriqué et il faut déjà penser au retour.

Nous sommes remontés dans le bus. Je me souviens d'avoir ressenti une forme de déception, qui s'est très vite muée en un sentiment de frustration. J'avais la conviction que quelque chose ne collait pas dans cette histoire, que mon intuition première était la bonne : le Mont-Saint-Michel n'était pas qu'une histoire de pierres, il ne pouvait pas se résumer à une prouesse architecturale, un défi face à la gravité. S'il avait franchi les siècles, attiré tant de pèlerins et focalisé tant de regards, c'est parce que l'exploit humain avait été réalisé dans un environnement unique, où se déroulait chaque jour un phénomène naturel d'une ampleur exceptionnelle : les plus grandes marées d'Europe.

Pour découvrir le Mont-Saint-Michel, il faut prendre du recul. Dans l'espace et dans le temps. Fin août 2017, en venant de Rennes, j'ai laissé le Mont sur la gauche. Il y a une petite route qui longe la baie et qui remonte jusqu'à Granville. Elle joue à cache-cache avec le Mont. Direction Vains-Saint-Léonard, un village tout en granit, avec des maisons aux volets de couleur et des roses trémières au pied des murs. Au bout de la rue principale, un sentier se faufile entre les maisons. Après une centaine de mètres, le Mont surgit sur l'horizon, comme une pointe dressée vers le ciel. Un clou qui aurait transpercé le plateau continental. Il est un peu plus de 9 heures du matin. Je suis seul dans le silence, délicieusement seul face au Mont, et j'éprouve une satisfaction encore plus grande en sachant que, là-bas, des milliers de visiteurs ont déjà franchi ses portes et s'y bousculent.

Enveloppé dans un léger voile de brume, le Mont semble posé sur les herbus et ne plus appartenir au paysage marin. C'est une illusion d'optique. À mesure que j'avance, sa vraie nature fait surface. Au vert des prés salés succède un décor, tout en nuances, fait de gris, de bruns, de blancs et de bleus. Petit à petit, la baie se découvre. Le Mont semble maintenant suspendu dans les airs. La mer, qui s'est retirée quelques heures plus tôt, a laissé par endroits une fine pellicule d'eau sur la grève qui transforme les bancs de sable et de vase en un gigantesque miroir où le Mont se reflète.

À cette heure du jour, il n'y a pas de limite entre le ciel et la terre.

Le chemin du paradis

Au Moyen Âge, toutes les routes qui menaient au Mont-Saint-Michel se rejoignaient de ce côté de la baie. Il faut se mettre à la place des pèlerins qui découvrent le paysage. Ils ont mis des mois avant de se décider à partir, parfois des années. Ils ont marché durant des semaines, se sont torturé l'esprit des nuits entières pour se faire une idée des lieux. Cent fois ils ont imaginé la dernière étape qui les conduirait jusqu'à l'archange Michel.

Beaucoup n'ont jamais vu la mer. Quand ils arrivent, elle entoure le Mont, semblant le tenir à l'écart du monde terrestre depuis la nuit des temps. Ils sont là, prostrés, priant pour que le phénomène se produise. Sur les « chemins du Paradis » – c'est ainsi qu'ont été baptisées les routes qui menaient au Mont-Saint-Michel –, ils ont croisé d'autres pèlerins qui en revenaient. Ils ont écouté les récits merveilleux et les histoires incroyables.

Quand la mer se retire enfin, le spectacle prend une dimension biblique : c'est la mer Rouge qui s'ouvre avec la Terre promise au bout du chemin. Cette dernière étape symbolise le passage d'un monde laïc à un monde sacré. Un no man's land, entre le domaine des hommes et celui des anges.

Dès que la voie est libre, ils reprennent leurs bâtons et s'élancent dans la baie. Il leur est bien utile pour échapper aux pièges que leur réserve l'ultime étape qui les conduit vers la rédemption. Ils marchent les pieds dans la vase, en regardant régulièrement vers le ciel. Ils ne savent pas exactement ce qui se trame au-dessus de leurs têtes et ils prient pour que les forces divines retiennent l'eau le plus longtemps possible.

Des siècles plus tard, je marche sur le petit sentier qui longe les prés salés. Comme les pèlerins, j'observe l'immensité à nu. La baie s'étend sur 25 000 hectares. Je n'en suis pas à mon premier séjour mais, comme la première fois, je suis fasciné par l'ampleur du phénomène. L'eau peut se retirer à plus de 10 kilomètres, le marnage peut atteindre 14 mètres. Imaginez : vous vous baignez à marée basse, vous revenez au même endroit à marée haute et l'eau est montée de 14 mètres, la hauteur d'un immeuble de cinq étages. Il faut franchir l'Atlantique pour voir plus grand, aller au Canada dans la baie de Fundy. Mais je ne suis pas sûr que le phénomène soit plus impressionnant, car il n'y a pas de Mont à atteindre, pas d'archange qui brille au-dessus des lieux.

C'est plus fort que moi, je ne peux pas m'empêcher de décomposer la mécanique qui en est à l'origine. Comme les pèlerins, je regarde vers le ciel. Je ne sais pas jusqu'où vont leurs pensées. Les miennes s'arrêtent à 400 000 kilomètres, à la Lune. C'est elle la principale responsable du phénomène. Dès l'Antiquité, les hommes avaient constaté qu'il existait un lien entre la Lune et les marées, sans en trouver la raison précise. Il a fallu attendre les travaux du physicien anglais Isaac Newton pour que le phénomène s'éclaircisse.

Tout le monde connaît la légende. Le savant anglais faisait une sieste sous un pommier quand une pomme lui est tombée sur la tête. Que cette légende soit vraie ou fausse, Isaac Newton déduit que la pomme est tombée parce qu'elle était attirée par la Terre. Mais pas seulement. Il en conclut que, dans l'Univers, tous les corps s'attirent, plus ou moins, tout dépend de leur masse, autrement dit la quantité de matière dont ils sont constitués, et de leur éloignement les uns des autres. Ainsi, la Terre attire la pomme, mais la pomme attire aussi la Terre, de manière beaucoup plus discrète puisque sa masse est moins importante. C'est ce qu'on appelle la loi de la gravitation ou de l'attraction universelle.

Ainsi, la Terre attire la Lune, ce qui explique qu'elle soit devenue notre satellite naturel. Tant que la Terre est là, elle ne peut pas s'échapper. Mais la Terre est aussi attirée par la Lune. Sous l'effet de l'attraction, l'eau des mers et des océans s'élève. Un bourrelet se forme à la verticale de la Lune dont le déplacement de l'onde est responsable des marées. Le phénomène se produit partout, y compris dans un verre d'eau. Il est plus ou moins perceptible en fonction de la configuration des lieux. Sur la côte basque par exemple, les marées ne font pas beaucoup parler d'elles. La mer se retire très peu. C'est à cause du plateau continental. Il est très étroit à cet endroit. Très vite, le relief plonge. Au Mont-Saint-Michel, c'est tout le contraire. Le plateau continental n'en finit pas, la pente est très douce. Et puis, il y a la péninsule du Cotentin sur laquelle vient buter l'onde de marée, avant de repartir vers la baie du Mont-Saint-Michel pour prendre ses aises.

Le plancher des vaches se déforme lui aussi, mais le résultat est moins impressionnant. Chaque jour sous l'effet de l'attraction lunaire, le sol s'élève sous nos pieds. À marée haute, au Mont-Saint-Michel, l'archange qui culmine à 157 mètres grandit quotidiennement d'environ 40 centimètres.

Je me suis assis au bord de l'herbu. Il forme à cet endroit une marche. Les géologues parlent de falaise, même si elle n'est pas très haute. Pas plus de 50 centimètres. Assez pour avoir les pieds dans le vide. Le Mont se trouve toujours dans ma ligne de mire, à 5 ou 6 kilomètres. La première fois que je suis venu ici, je me suis laissé tromper, comme tout le monde, par l'illusion d'optique : je l'imaginais deux fois plus proche. Entre les prés salés et le Mont, le paysage est dénudé. Il n'y a pas d'arbres, aucune construction. En l'absence de repère visuel, le cerveau est perdu. Il n'a rien sur quoi s'appuyer pour s'étalonner, évaluer la perspective et déduire une distance. Combien de pèlerins et de marcheurs se sont fait piéger en sous-estimant le temps qu'il leur fallait pour rejoindre le Mont ? Cette méconnaissance s'est souvent révélée fatale. Aujourd'hui, un hélicoptère patrouille au-dessus de la baie pour venir en aide aux imprudents.

Sans compter les sables mouvants, qui n'ont rien d'une légende. Un profane est incapable de les repérer. J'en ai fait plusieurs fois l'expérience. Vous marchez sur le sable et puis, soudain, la texture devient légèrement différente. Si vous franchissez la zone rapidement, rien ne se passe. Mais si vous avez le malheur de vous arrêter et que vous vous mettiez à piétiner, vous subirez un étrange phénomène. La zone de sables mouvants mesure quelques mètres carrés. Invisible jusqu'alors, elle se détache dorénavant du reste de la grève. Elle a sa propre viscosité. Vous avez l'impression de marcher sur une table vibrante, tandis que le sol commence à se dérober sous vos pieds. La sensation est étrange. À ce stade, l'expérience est insolite et plutôt agréable. Mais ça ne dure pas : très vite, les personnes qui vous entourent mesurent une tête de plus que vous, puis deux. Vous vous demandez où cela va s'arrêter. Aux rires qui accompagnent la scène, succède la panique. Vous essayez de bouger les jambes. Vous basculez tout le poids du corps sur l'une puis sur l'autre. Rien n'y fait. C'est même pire, vous vous enfoncez de plus belle.

Heureusement, le corps finit par s'immobiliser. Sans avoir été appelé, Archimède vole à votre secours, du moins le principe qu'il a énoncé il y a vingt-trois siècles, le même qui fait flotter les bateaux. Arrivé à un certain stade, votre corps se met également à flotter. Comme l'énonce le principe d'Archimède, la vase que nous déplaçons en nous enfonçant exerce une force verticale dirigée vers le haut. Elle est égale au poids de la vase déplacée. Quand ce poids devient égal au vôtre, vous cessez de vous enfoncer.

Le soulagement n'est que de courte durée car un nouveau danger se profile. L'eau à vos pieds et autour de vos jambes a été évacuée. Il ne reste plus que du sable, dur comme du béton. Si vous êtes seul, il est quasiment impossible de vous en extraire. Pour s'en sortir, il faut s'agripper au bras d'un compagnon, s'appuyer sur les genoux, s'allonger dans la vase, augmenter coûte que coûte la surface de portée. Personne n'a jamais péri enseveli par les sables mouvants du Mont-Saint-Michel mais quelques-uns, incapables de dégager leurs jambes, ont été engloutis par la marée. Voilà pourquoi je ne m'élancerai jamais dans une traversée de la baie sans un guide.

J'ai cassé une tige de salicorne et je l'ai croquée. J'ai fait comme me l'avait montré mon ami Romain Pilon, guide de la baie du Mont-Saint-Michel. Il faut juste détacher les tiges les plus jeunes sans détruire la plante. Fin août, ce n'est plus vraiment la saison mais, parfois, quand le temps n'a pas été trop sec, certaines tiges sont encore croquantes et tendres à la fois. Romain m'a aussi appris à reconnaître l'obione. Ses feuilles ont une forme ovale. Elles sont assez épaisses et d'un vert plus pâle que les salicornes. Et puis, il y a aussi la soude maritime dans laquelle on peut croquer. Ces plantes ont toutes un goût salé. Comme la puccinellie maritime dont se nourrissent les moutons des prés salés, qui donne à leur chair un parfum et une saveur inimitables. Ce sont des plantes halophiles, des plantes « qui aiment le sel ». Elles n'ont pas le choix. Cela ne se produit pas tous les jours, mais, régulièrement, ces étendues sont recouvertes par la mer. Seules ces plantes sont capables de résister à la salinité de l'eau.

Les « grandes marées » se produisent quand le Soleil, la Lune et la Terre sont alignés. L'attraction du Soleil et de la Lune se conjuguent pour engendrer un plus gros bourrelet : on parle de marée de « vive-eau ». À l'inverse, quand les trois astres forment un angle droit, les effets de la Lune et du Soleil se contrarient et le phénomène est beaucoup moins puissant. On parle d'une marée de « morte-eau ».

Certaines marées sont qualifiées d'exceptionnelles. Faute de vocabulaire, elles sont dites « du siècle ». Elles se produisent aux équinoxes, aux alentours du 21 mars et du 23 septembre. Ces jours-là, le Mont-Saint-Michel et la baie sont pris d'assaut.

Pour comprendre, il faut observer d'un peu plus près le ballet de la Terre autour du Soleil. Notre planète tourne autour du Soleil dans un plan que l'on peut facilement se représenter : le « plan de l'écliptique ». En même temps, la Terre tourne sur elle-même. Elle fait un tour complet en 24 heures mais dans un plan différent, car l'axe de rotation est incliné. On parle du « plan de l'équateur ». Ces deux plans se croisent en formant une ligne, qui ne passe jamais par le centre de la Terre, sauf les jours d'équinoxe. Ces jours-là, l'attraction qu'exerce le Soleil sur la Terre est plus importante que le reste de l'année. Si, en plus, la Lune est alignée sur les deux autres, la marée est exceptionnelle. Dans la baie du Mont-Saint-Michel, la mer peut alors se retirer à plus de 15 kilomètres.

Les chevaux de la mer

Le vent a tourné. Je consulte le petit livret sur lequel figurent les horaires de marées. L'eau a déjà commencé à remonter. Je quitte mon poste d'observation et je descends sur la grève. Je ne vois pas grand-chose, la mer est encore trop loin. Plusieurs kilomètres sûrement. Au loin, une ligne blanche ondule à l'interface du ciel et de la terre. C'est l'écume des vagues qui gagnent du terrain. J'ai retiré mes chaussures pour sentir la matière épouser la plante de mes pieds. C'est une sensation très agréable, qui varie au fil des pas.

Ce que je préfère, c'est la vase quand elle se glisse entre les orteils. On éprouve alors une étonnante sensation de bien-être que l'on essaie de prolonger en remuant les doigts de pied. Il ne faut pas avoir peur d'y mettre aussi les mains. La pâte est onctueuse. Son grain est extrêmement fin, à peine perceptible. Les gens d'ici l'appellent la « tangue ». Ce sont des sédiments marins, constitués de minuscules fragments de coquillages. Il s'y trouve aussi un peu d'argile et des particules végétales provenant des algues. Elle a longtemps été utilisée pour amender les terres agricoles. Comme le dit le proverbe local : « Qui va à la tangue va au blé. »

Je ne m'écarte pas du rivage. Je veux voir l'eau arriver, suivre son mouvement pour ressentir la marée.

Enfin, je la vois. Elle n'avance pas en ligne droite. Contrairement à une idée reçue, le sol de la baie n'est pas plat. La Sélune, la Sée et le Couesnon, les trois principaux fleuves côtiers qui s'y jettent, y ont creusé leurs lits. Sur ce sol meuble, incapable de résister aux courants, ils se promènent à leur gré, se déplaçant parfois de plusieurs centaines de mètres d'une marée à l'autre. Sans cesse, le paysage bouge dans la baie.

La mer approche. Un front régulier qui gagne du terrain à vue d'œil. Elle avance vite. J'entends son déferlement. On dit souvent qu'elle va à la vitesse d'un cheval au galop. C'est un peu exagéré. Même si elle avance vite, la mer ne dépasse pas 8 à 10 km/h. Selon Romain Pilon, cette image serait liée au bruit que font les flots en pénétrant dans la baie plus qu'à leur vitesse réelle. Effectivement, en tendant l'oreille, on croit entendre la cavalerie.

L'eau, maintenant, n'est plus qu'à quelques dizaines de mètres. Inconsciemment, j'ai fait demi-tour et repris la direction des prés salés. La vague vient vers moi en gagnant rapidement du terrain. Rien à voir avec les vagues de l'Atlantique qui s'abattent et courent sur le sable, qui vont et qui viennent, parfois hésitantes, grignotant plus ou moins de plage à chaque balancement. Là, le front avance régulièrement au ras du sol, sûr de lui. La vague n'a pas non plus la légèreté de celles dans lesquelles on aime à se jeter. Elle est épaisse. Il y a de la matière et la lumière ne passe pas au travers. Au contraire, elle rebondit comme sur un miroir. Par moments, on croirait une nappe de mercure s'étalant sur le sol. C'est à cause de la tangue. Chaque fois que la mer monte, elle la met en suspension.

Le flot me colle aux talons. J'avance d'un bon pas. Il me rattrape. Il me dépasse enfin. Tandis que je regagne la berge, je sens l'eau monter le long de mes jambes. En quelques minutes, elle a presque atteint mes genoux. Je dois m'aider de mes mains pour grimper sur la terre ferme. J'ai de nouveau les pieds au sec. Le flot continue son chemin. Dans le lit des fleuves côtiers, il forme une belle vague, le mascaret, sur lequel surfent une poignée de kayakistes aguerris.

Devant moi, le Mont ne touche plus terre. Il flotte maintenant sur l'eau, tel un paquebot ancré dans la baie, prêt à larguer les amarres.

Le mystérieux radôme breton

Comment la télé en direct a franchi les océans ?

La scène est devenue banale. On allume un écran et l'on assiste en direct à la remise des Oscars ou au mariage d'un couple princier qui se déroule à l'autre bout du monde. Derrière la silhouette d'un envoyé spécial, nous découvrons avec stupeur et consternation les décombres laissés par une catastrophe naturelle ou les dégâts provoqués par un attentat. Grâce aux caméras embarquées, nous sommes même en mesure de suivre en temps réel la sortie extravéhiculaire d'un spationaute et nous assistons, comme si nous étions posés sur son épaule, aux travaux de maintenance qu'il effectue sur les équipements de la Station spatiale internationale. L'événement se déroule à 400 kilomètres au-dessus de nos têtes, dans le vide sidéral. Là-haut, les objets et les êtres humains se déplacent à une vitesse de presque 28 000 km/h. Au même moment, nous sommes confortablement installés devant notre écran.

Au milieu du XIXe siècle, Victor Hugo commentait l'extraordinaire pouvoir du télégraphe : il a donné, disait-il, « l'étendue du globe ». Grâce à lui, une nouvelle pouvait franchir les continents en un instant. Les montagnes et les océans n'étaient plus des obstacles, les mots avaient des ailes. « Le fil qui chante », comme l'avaient baptisé les Indiens d'Amérique, permettait aux hommes de tisser entre eux de nouveaux liens.

Il changeait aussi la perception que les hommes se faisaient de notre planète. D'un seul coup, le cerveau humain pouvait appréhender le monde dans sa globalité, au sens géométrique du terme. Une sphère sur laquelle l'imagination pouvait poser des points et tracer des lignes. Les contemporains de Victor Hugo pouvaient intellectuellement visualiser le trajet des signaux circulant le long de câbles qui épousaient la courbe du globe. Jusque-là, l'information n'avait pas voyagé autrement qu'à plat, au rythme de la diligence, dans un décor bordé par l'horizon.

Les inventions du téléphone, de la TSF (la télégraphie sans fil) et de la radio ont encore plus contracté le temps et les distances. Mais la retransmission d'images en direct a permis d'aller bien au-delà. Grâce à elle, nous assistons au spectacle du monde, sans que le temps, la distance et l'imagination gomment les aspérités de la réalité.

Les images diffusées en direct ont fait de notre planète un village. On s'installe devant son écran pour voir ce qui se passe de l'autre côté de la Terre comme on ouvre sa fenêtre pour regarder ce qui se passe au coin de la rue.

Cette fenêtre sur le monde s'est ouverte pour la première fois en Bretagne, à Pleumeur-Bodou dans les Côtes-d'Armor, un soir d'été 1962. Cette nuit-là, quelques privilégiés ont assisté à la première retransmission en direct d'images venant du continent américain.

Le voyage des ondes

À la fin des années 1950, les nouvelles qui arrivent en direct du continent américain sont assez rares. Elles sont diffusées à la radio. Les correspondants qui interviennent à l'antenne utilisent la ligne téléphonique. La première communication intercontinentale du genre a été établie en 1927, entre Londres et New York. Il s'agissait d'une conversation privée. Les signaux étaient transmis à travers un câble sous-marin. Ce type de communication n'était pas accessible à tout le monde. Il nécessitait de réserver un créneau horaire, et même si la qualité du signal laissait à désirer il fallait débourser 75 dollars pour trois minutes d'échange. À l'époque, la plupart des communications entre les deux continents s'effectuaient par télégraphie.

En 1956, un nouveau câble beaucoup plus performant est posé sur le fond de l'Atlantique entre le Royaume-Uni et le Canada. Une meilleure isolation, la mise au point de câbles coaxiaux et de répéteurs améliorent la qualité du signal. Le câble part du nord de l'Écosse et aborde à Terre-Neuve au Canada, avant de poursuivre son chemin jusqu'à New York. À partir de Londres, la liaison avec les États-Unis était ouverte aux autres pays européens dont la France.

À l'aube des années 1960, il est donc possible d'entretenir une conversation avec un correspondant aux États-Unis. On s'entend mais on ne se voit pas. Les moyens techniques ne le permettent pas. Le signal vidéo est trop lourd. Entre le son et l'image, il y a trop d'informations à faire circuler dans le câble du téléphone.

Reste la voie des airs, le réseau hertzien. Il est utilisé depuis le début du XXe siècle pour la télégraphie sans fil, il sert également à diffuser les programmes des stations radiophoniques et aussi ceux de la toute jeune télévision. La première retransmission en direct sur le territoire français a eu lieu en 1950. Au programme ce soir-là, une pièce de théâtre de Marivaux, *Le Jeu de l'amour et du hasard*. La captation d'images a eu lieu dans un théâtre parisien, à la Comédie-Française. Il n'y avait à l'époque qu'une seule chaîne de télévision et 3 800 téléviseurs sur l'ensemble du territoire.

Puisque le réseau hertzien permet de transporter les images d'un point à l'autre de l'Hexagone, pourquoi ne peut-il pas les faire circuler d'un continent à l'autre ? Tout simplement parce que les ondes radio se déplacent en ligne droite et que la Terre est ronde. Entre les États-Unis et l'Europe, notre planète dessine une courbe. Les ondes qui partent en ligne droite finissent donc par s'écarter de leur destination et par se perdre. Pour rejoindre deux points aussi éloignés que le sont les côtes américaine et européenne, elles doivent être déviées et ramenées vers leur cible.

Le 12 décembre 1901, l'Italien Guglielmo Marconi avait pourtant bien réussi à établir une liaison radio entre les deux continents. Les ondes avaient pu franchir l'obstacle de la rotondité en rebondissant sur ce qu'on appelle l'ionosphère, une couche atmosphérique située environ 60 kilomètres au-dessus de nos têtes. Malheureusement, on s'est très vite aperçu que la composition de cette couche est instable. En fonction du jour, de la nuit et des saisons, elle est plus ou moins ionisée, ce qui modifie sa capacité à réfléchir les ondes radio et rend trop aléatoire la transmission d'images.

Pour franchir de longues distances par voie hertzienne, la seule solution consiste à utiliser des antennes-relais. Au début des années 1960, elles poussent comme des champignons. Il y en a une tous les cent kilomètres environ pour couvrir l'ensemble du territoire. Mais impossible de les installer au beau milieu des océans. Or, sans antennes, pas d'images du bout du monde en direct. Celles qui illustrent les journaux télévisés de l'époque sont enregistrées sur des bandes magnétiques. Elles traversent l'Atlantique dans un sens ou dans un autre, puis sont acheminées vers un centre de diffusion. Au mieux, quand les horaires d'avion jouent en faveur des programmes de télévision, les images arrivent sur l'écran une petite journée après avoir été filmées.

Des antennes dans l'espace

Qui a eu l'idée d'acheminer les images en les faisant transiter par l'espace ? Le concept a germé dans la tête d'un scientifique anglais, Arthur C. Clarke. En 1945, il décrit un dispositif de télécommunication reposant sur l'utilisation de satellites artificiels, placés en orbite autour de la Terre et jouant le rôle d'antennes-relais. Son nom vous dit peut-être quelque chose ? Ce visionnaire fera une brillante carrière dans l'écriture. Trois ans plus tard, il publie une nouvelle intitulée *The Sentinel.* Elle inspirera à Stanley Kubrick le scénario du film *2001 : l'odyssée de l'espace.*

C'est un concept révolutionnaire et les Américains l'ont vite compris. Le contexte s'y prête. Depuis la fin de la Seconde Guerre mondiale, ils se sont lancés, face aux Soviétiques, dans la conquête spatiale. L'espace est devenu le nouveau théâtre d'une rivalité où chacun déploie sa technologie, pour montrer sa puissance. C'est à qui lancera le premier satellite ou placera le premier homme en orbite autour de la planète.

Les Soviétiques remportent les deux premières manches. Le 4 octobre 1957, le satellite *Spoutnik* transmet son légendaire « bip-bip » à la planète entière. À peine quatre ans plus tard, Youri Gagarine est le premier homme à « flotter » dans l'espace à bord de la capsule *Vostok 1*. Les Américains sont à la traîne, mais ils talonnent les Soviétiques. Le premier satellite américain est mis en orbite en mai 1958, et trois semaines seulement après Gagarine, Alan Shepard devient le premier Américain dans l'espace. La Lune est en ligne de mire.

Les Américains ont une autre idée en tête. *Spoutnik* s'est contenté d'émettre un signal témoin pendant 22 jours. Avec le développement des télécommunications des deux côtés de l'Atlantique et l'explosion de la télévision, le projet d'Arthur C. Clarke prend de l'épaisseur et laisse entrevoir de juteuses recettes. Les satellites, imaginés par l'auteur de science-fiction, vont servir de ponts et permettre aux communications et aux images de passer d'un continent à l'autre.

Pour communiquer, il faut être deux. Au début des années 1960, John Fitzgerald Kennedy propose à la France d'être partenaire des États-Unis dans cette aventure. Le marché des télécommunications s'annonçant prometteur, le général de Gaulle accepte. Les Américains se chargent du lanceur et du satellite. À l'époque, ils ont déjà effectué 25 lancements.

Pendant ce temps, la France construit une antenne-relais. Elle est identique à celle que les Américains ont installée dans le Maine aux États-Unis pour émettre et recevoir les signaux. Les ingénieurs français ont retenu le site de Pleumeur-Bodou en Bretagne. C'est l'endroit idéal. Une cuvette de 110 hectares, orientée plein ouest, à quelques kilomètres seulement de la mer et entourée de collines qui la protègent des perturbations électromagnétiques.

Sous l'immense bulle du râdome

En quelques mois, le village de Pleumeur-Bodou ressemble à un décor de cinéma. Une armée d'ouvriers, de techniciens et d'ingénieurs a envahi les lieux. Il y a des grues partout, on y parle français et anglais... Il y règne une atmosphère de film de science-fiction, surtout avec la sphère gonflée au milieu du site. Elle rappelle un peu l'énorme champignon de *L'Étoile mystérieuse* de Tintin, mais tellement plus grande : son diamètre atteint presque 64 mètres, on pourrait y loger l'Arc de triomphe. En même temps, elle semble si fragile, cette sphère de plastique au milieu des maisons de granit, à la merci des puissantes rafales du vent du large. Effectivement, elle ne résiste pas longtemps, après quelques semaines, elle est emportée par une tempête. Une seconde est installée, solidement ancrée dans le sol breton. Elle y est toujours et, depuis 1962, elle tient l'antenne à l'abri des intempéries.

On pénètre dans le radôme (contraction de *radar* et de *dôme*) par un sas. L'air à l'intérieur est en légère surpression, afin de maintenir la toile tendue. Les jours de grand soleil, il faut quelques minutes pour que l'œil s'accommode. Pendant ce temps, le visiteur cherche le contour d'une forme familière, celui d'une parabole, que l'on associe aujourd'hui inconsciemment à la réception des images. Quand la vue s'habitue enfin à la lumière tamisée, on comprend que l'on a fait fausse route. L'antenne ressemble à un gigantesque cornet métallique, comme celui qu'utilisaient autrefois les personnes souffrant de problèmes d'audition. On se croirait dans un roman de Jules Verne. Elle est immense : 54 mètres de longueur, 34 mètres de hauteur. Sa masse s'élève à 340 tonnes. La surface du réflecteur s'étend sur 360 m^2, presque deux fois la taille d'un court de tennis. Elle est montée sur un rail circulaire et repose sur un mécanisme qui lui permet de pivoter à l'horizontale et à la verticale.

Il règne aujourd'hui sous ce dôme une ambiance quasi religieuse. Les visiteurs ne parlent pas, ils chuchotent, comme dans une cathédrale. Elle est étrange cette attitude qu'ont les hommes de baisser la voix quand ils se tournent vers le ciel. Peut-être le silence permet-il de mieux apprécier le chemin parcouru depuis l'époque des pionniers des télécommunications ? La gigantesque antenne facilite la compréhension des défis que les ingénieurs ont relevés : capter un signal venant de l'espace, émis par un objet en mouvement pas plus gros qu'une bonbonne de gaz. Une chasse aux papillons des temps modernes.

Le 10 juillet 1962, une fusée, *Thor Delta*, décolle de Cap Canaveral aux États-Unis avec à son bord un passager très attendu, le satellite *Telstar 1*. Il doit assurer la première retransmission d'images en direct entre deux continents. Dans un bruit d'enfer, dégageant un nuage de fumées épaisses, le lanceur s'élève au cœur de la nuit américaine. Depuis leur poste de contrôle, les techniciens suivent sa trajectoire seconde après seconde. À 7 000 kilomètres de là, côté français, la tension est grande. Impossible de voir. On reçoit les informations par téléphone. Les nouvelles sont rassurantes. Dix minutes après le décollage, le satellite *Telstar 1* est en orbite. Première victoire.

Le satellite a été placé sur une orbite moyenne. Sa trajectoire est elliptique. La distance qui le sépare de la Terre varie au fil des heures. Quand il est au plus près, au périgée, il se trouve à 950 kilomètres. Au plus loin, à l'apogée, il grimpe à 5 600 kilomètres. Dans de telles conditions, il lui faut un peu plus de 2 h 30 pour faire le tour du globe.

De loin il ressemble à une sphère. Il s'agit en réalité d'un polyèdre de 88 centimètres de diamètre, composé de 72 facettes et pesant 77 kilogrammes. *Telstar 1* est un satellite actif. Il amplifie les signaux qu'il reçoit de la Terre avant de les réexpédier vers le sol. Il a donc besoin d'énergie pour travailler. Aussi est-il revêtu de 3 600 cellules photovoltaïques qui captent la lumière du Soleil et la transforment en électricité. Les 72 antennes de réception ont la forme de petits cornets disposés sur la ceinture équatoriale du satellite. Une fois le signal amplifié, il est renvoyé par 48 antennes émettrices installées au même niveau.

La première retransmission d'images en direct

Après une brève accalmie, la tension est remontée à Pleumeur-Bodou. Tout le monde attend la réception du signal. Le chantier a mobilisé tellement d'énergie : 1 250 personnes ont travaillé 24 heures sur 24, 7 jours sur 7 pour édifier l'antenne. Toute la communauté scientifique a maintenant les yeux tournés vers la Bretagne.

Sur le terre-plein du CTS (le Centre de télécommunication par satellite) de Pleumeur-Bodou, à quelques dizaines de mètres du radôme, une drôle d'antenne fouille le ciel. Elle fait penser à quatre tire-bouchons géants pointés vers les étoiles, elle est chargée de capter le signal du satellite. Les opérateurs balaient l'horizon et font confiance, une fois n'est pas coutume, à leur bonne étoile, car trouver une sphère de 88 centimètres de diamètre dans l'immensité stellaire est bien plus ardu que chercher une aiguille dans une meule de foin. En plus, il faut faire vite car le satellite n'est « visible » que durant une vingtaine de minutes.

Au quatrième passage, le signal est acquis. Les visages se détendent. Le cinquième devrait être le bon. Deux heures et demie plus tard, *Telstar 1* est de nouveau dans la ligne de mire. Les secondes s'égrènent. Rien. Les écrans restent vides. Personne ne comprend.

Pleumeur-Bodou est en liaison avec Andover, dans le Maine, aux États-Unis. C'est de là que les images sont censées partir. Après une check-list exhaustive, les Américains reconnaissent qu'ils ont tout bêtement oublié d'appuyer sur un interrupteur. Le compte à rebours reprend. Cette fois, c'est du côté français que les choses se gâtent. Le récepteur ne fonctionne plus. Branle-bas de combat. En quelques minutes la panne est localisée : une lampe a grillé.

Enfin, à 23 h 47 GMT (0 h 47 heure locale) une image surgit sur les écrans de Pleumeur-Bodou, devant 190 techniciens médusés, la première image au monde retransmise en direct entre deux continents. Un drapeau américain apparaît sur l'écran, tandis qu'en arrière-plan se devine le radôme d'Andover. Certains en ont les larmes aux yeux. Il est presque 1 heure du matin et ils vivent une scène qui se déroule de l'autre côté de l'Atlantique au même moment, comme s'ils avaient pu porter leur regard au-delà de l'océan. S'ensuit une interview des responsables du projet *Telstar 1*. Les images franchissent 5 000 kilomètres en un clin d'œil, parfois même plus vite : lorsque le satellite passe au-dessus de l'océan Atlantique, il est à environ 5 000 kilomètres d'altitude. Pour connaître la distance parcourue par les signaux, il suffit d'appliquer le théorème de Pythagore : le carré de l'hypoténuse est égal à la somme des carrés des deux autres côtés. La formule permet de déterminer la distance qui sépare Andover du satellite, et celle qui sépare le satellite du Pleumeur-Bodou. Donc, pendant ce laps de temps, les images ont en fait parcouru plus de 11 000 kilomètres.

La première retransmission d'images en direct entre l'Europe et l'Amérique dure 7 minutes. Seuls quelques privilégiés ont pu y assister. La séquence n'a pas été diffusée sur le réseau national parce que Pleumeur-Bodou n'était pas connecté au réseau hertzien. Les images ont cependant été enregistrées pour que, le lendemain matin, les bandes soient transportées jusqu'à Rennes, puis transmises aux studios de Cognacq-Jay à Paris. Ironie du sort, les images montrant l'exploit du premier direct intercontinental aux téléspectateurs français ont donc été diffusées en différé. La première retransmission en direct en mondovision a eu lieu le 23 juillet suivant : il s'agissait d'une interview du président John Fitzgerald Kennedy.

Envoyé à titre expérimental, le satellite *Telstar 1* a fonctionné jusqu'en février 1963. Son arrêt a été provoqué par deux essais nucléaires réalisés dans la stratosphère : l'un par les Soviétiques, l'autre par les Américains. Lors des explosions, les circuits du satellite ont été endommagés par les radiations émises. D'autres satellites ont pris le relais. Il y a d'abord eu *Telstar 2*, plus performant que son prédécesseur, capable d'être suivi par l'antenne de Pleumeur-Bodou pendant une heure. C'est aussi lui qui a relayé les premières images de l'assassinat de John Fitzgerald Kennedy le 22 novembre 1963.

Il a été remplacé par les satellites aux noms de circonstance : *Relay 1* et *Relay 2*. En 1965, un nouveau pas est franchi. Un satellite est placé pour la première fois sur une orbite géostationnaire, *Early Bird*, qui circule à 36 000 kilomètres de la Terre. Comme l'indique le qualificatif de son orbite, il reste en permanence au-dessus du même point et peut donc relayer des signaux 24 heures sur 24. C'est grâce à lui que les Européens ont pu suivre, en direct, les premiers pas de l'Homme sur la Lune, le 20 juillet 1969.

Depuis, des centaines de satellites de télécommunications ont été lancés. Les images qu'ils transmettent peuvent être captées directement par l'antenne d'un particulier. Elles peuvent aussi être réceptionnées par un opérateur qui les redistribue ensuite via le réseau hertzien terrestre ou le câble. Les images sont aussi dirigées vers les antennes 3G ou 4G et transmises aux téléphones. Les satellites sont aujourd'hui impliqués dans la diffusion de toutes les images, quel que soit le support.

Que reste-t-il aujourd'hui de *Telstar 1* ? Un objet qui tourne toujours au-dessus de nos têtes selon le Bureau des affaires spatiales de l'ONU. C'est aussi le nom qui a été donné au ballon de la Coupe du monde 2018… Grâce aux satellites de télécommunications, la finale a pu être suivie par plus de 1 milliard de téléspectateurs.

Le radôme, quant à lui, a cessé son activité en 1985. Des trois sites qui furent construits pour capter le signal de *Telstar 1*, seul Pleumeur-Bodou est encore debout. Le radôme est aujourd'hui classé monument historique. Celui d'Andover, aux États-Unis, et celui de Poldhu en Angleterre, ont été démontés. Même si elle ne reçoit et n'émet plus, cette gigantesque antenne n'a pas perdu sa vocation première : elle continue de transmettre. Elle accueille de plus en plus de visiteurs, ce qui est plutôt un bon signal.

Au cœur de la matière

Pourquoi y a-t-il du fer dans le centre de la France ?

Sur une carte de France publiée en 1827, un ingénieur a noirci les départements où l'on produit de la fonte : deux zones sont plus sombres que les autres. L'une à l'est, l'autre au centre du pays. Dans le premier cas ce n'est pas une surprise. Même si l'activité est en net repli aujourd'hui, la sidérurgie dans l'inconscient collectif est associée à cette région. Ce qui est plus surprenant en revanche c'est de voir, au centre de la carte, une tache noire couvrant tout le département du Cher. En 1827, il produit 10 000 tonnes de fonte par an, autant que les Ardennes, la Meuse, la Moselle ou la Côte-d'Or.

Comment cette industrie a bien pu se développer au beau milieu du pays et produire les « meilleures fonte de France» aux yeux de Buffon (le naturiste était aussi maître de forges à ses heures) ?

Au XIXe siècle, plusieurs ingrédients sont nécessaires à la production de la fonte. Il faut du minerai, du bois et de l'eau. Tous doivent se trouver dans un petit rayon, car, à l'époque, les voies de communication sont peu nombreuses et en mauvais état. Du minerai ? Le sol du Berry en est riche. Du bois ? Il y en a beaucoup. Les forêts s'étendent à perte de vue. De l'eau aussi : la Loire, l'Allier, le Cher et une multitude d'affluents y ont creusé leurs lits.

Sur cette terre du milieu, les hauts-fourneaux ont poussé comme des fleurs dans un jardin bien exposé. Des textes mentionnent qu'on y produisait déjà de la fonte liquide en 1402. Au fil du temps, les maîtres de forges du Berry ont perfectionné leur art. Ignorant la composition de la matière, ils ont expérimenté en suivant leur intuition. Leur savoir a fini par rayonner sur tout le pays. De cette épopée industrielle, il reste peu de traces dans les mémoires et encore moins sur le terrain, sauf à Grossouvre.

Les forges de Grossouvre

À l'écart des grands axes, à une trentaine de kilomètres au sud de Bourges, se dresse un imposant bâtiment de forme rectangulaire. De loin, c'est une masse. Ses dimensions tranchent avec le petit bourg qui s'étend tout autour. 45 mètres de long, 23 mètres de large. Il est coiffé d'une toiture anguleuse qui s'élance vers le ciel. Il fait penser à une cathédrale, mais dépourvue de transept et privée de lumière. Seuls trois oculus et une fenêtre ont été percés dans chaque pignon. Dans un environnement un peu chaotique, fait de petits bosquets et de ruisseaux égarés, on devine cependant que cette construction est le fruit d'une longue réflexion. Le triomphe de la fonction sur la fantaisie. L'édifice est l'unique vestige des forges de Grossouvre. Une halle où était stocké le combustible nécessaire à l'alimentation du haut-fourneau et des forges d'affinage. Du charbon de bois et du charbon de terre, le fameux coke.

À l'intérieur, le regard est irrésistiblement attiré par la charpente. Elle est à la fois légère et sophistiquée. Rien à voir avec l'austérité de l'extérieur. Les pannes et les poutres agencées avec régularité n'écrasent pas le bâtiment. Au contraire, elles en accentuent le volume. L'ensemble est aérien. L'espace a été conçu pour faciliter la circulation des ouvriers et la manutention des sacs de charbon. Pour assembler les éléments, les charpentiers ont reçu le concours des forgerons : le bois n'a pas encore dit son dernier mot tandis que le fer commence à exprimer son potentiel. Il s'agit de l'une des dernières charpentes de ce type en Europe.

La halle de Grossouvre a été construite en 1844 pour remplacer la précédente devenue trop exiguë. Elle se trouvait alors au milieu d'un vaste complexe industriel. Il y avait à proximité, deux autres halles plus petites servant de magasins de stockage. Un haut-fourneau de sept mètres de hauteur. Il était recouvert de pierres calcaires, ce qui donnait à l'appareil une allure de monument. L'unité de production comptait aussi deux forges d'affinage. Une roue était installée dans le courant de l'Aubois, la petite rivière qui traverse toujours le village de Grossouvre. Elle fournissait l'énergie nécessaire aux soufflets et aux marteaux-pilons des ateliers. La vie, dans ce hameau aujourd'hui désert, battait son plein. En 1786, cinq cents ouvriers travaillaient sur le site. Il y avait là des fondeurs, des forgerons, des maçons, des palefreniers, sans compter les bûcherons, les charbonniers et les mineurs.

Du sous-sol au tableau de Mendeleïev

La matière première était extraite des terrains situés autour des forges. Le fer est l'un des 92 éléments naturels qui composent notre planète. La famille est rassemblée dans le fameux tableau périodique de Mendeleïev. J'ai toujours été fasciné par cette planche couverte de symboles. Chacun est inscrit au centre d'une case. Une ou deux lettres pour désigner un élément. « Fe » pour le fer. Il se trouve dans la quatrième rangée, en haut de la huitième colonne, le nom figurant en toutes lettres sous le symbole. Ce tableau est une porte ouverte sur le cœur de la matière. Un élément se présente sous la forme d'un atome, c'est-à-dire un noyau autour duquel gravitent des particules qu'on appelle des électrons. Dans chaque case figurent deux nombres. Le premier, le numéro atomique : 26 pour le fer. Il indique le nombre de protons contenus dans son noyau. Ce sont des charges positives, à la différence des électrons qui sont des charges négatives. Un atome étant électriquement neutre, il possède autant d'électrons que de protons. Le second nombre indique la masse atomique.

Dans sa première version, qui date de 1869, le tableau contenait 63 éléments. Mendeleïev l'a créé en une journée. La petite histoire raconte qu'il l'a vu en rêve, comme un peintre imaginerait sa toile. Ce tableau n'est pas bien grand. Chez moi il tient dans un cadre de 100 cm × 70 cm. En le regardant, j'ai toujours du mal à me faire à l'idée que la liste des ingrédients qui composent l'Univers tient dans un si petit tableau.

Le fer est l'un des éléments les plus répandus sur terre. Il arrive en quatrième position après l'oxygène, le silicium, et l'aluminium. Le noyau de notre planète est essentiellement constitué de fer en fusion. En surface, il ne se présente jamais à l'état pur. Sa structure l'oblige à se combiner avec d'autres éléments. De l'oxygène très souvent. Il forme alors de l'oxyde de fer, une façon élégante de nommer la rouille.

Au XIXe siècle le Berry et le Nivernais en sont riches et le minerai est de qualité, car il contient jusqu'à 45 % de fer. Il est aussi accessible. Très souvent, il suffit de se pencher pour le ramasser. Les mineurs arpentent la campagne à la recherche du « minerai de gazon ». Les gisements se trouvent dans des cuvettes naturelles. L'oxyde de fer s'y est accumulé après avoir été transporté par les eaux de ruissellement. Il est incrusté dans des roches calcaires ou siliceuses, elles-mêmes mélangées à de l'argile. Sa présence se détecte à la couleur du sol : rouge sombre, comme le sang qui coule dans nos veines, à cause de l'oxygène qui se fixe sur le fer.

Parfois, il faut aller le chercher un peu plus en profondeur. Souvent les mineurs utilisent une rupture de pente pour repérer un gisement. Il leur arrive aussi de planter des pieux dans le sol. Après quelques semaines, ils reviennent inspecter les sondes. Si la rouille s'y est accumulée, c'est qu'il y a du minerai plus bas. De toute façon, il n'est jamais très loin. Les puits ne dépassent pas dix mètres de profondeur. Les mineurs arrachent des mottes de terre qu'ils remontent à la surface dans de grands paniers en osier. Une fois à l'air libre, la matière première doit être lavée pour retirer l'argile à laquelle elle est mélangée. Puis le minerai est concassé. L'eau des ruisseaux est utilisée pour entraîner la roue qui actionne les marteaux. La population qui vit aux alentours n'aime pas cette façon de faire. Les boues rejetées dans le courant souillent les eaux, ce qui nuit à la prolifération des poissons.

Plus de six cents mineurs travaillent autour de Grossouvre à la fin du XVIIIe siècle. Ils se reconnaissent à leurs habits toujours couverts de terre et à leur teint blafard. Les autres habitants pensent que c'est à force de vivre sous terre, dans l'obscurité et l'humidité, alors que c'est l'argile, très claire, qui maquille les visages. Quel contraste avec les charbonniers qui occupent la forêt ! Leur peau est constamment couverte de suie. Les yeux sortent des visages comme ceux des animaux nocturnes. Ils ont sans arrêt les mains dans le charbon. En toutes saisons, ils dressent d'énormes monticules de bois qu'ils recouvrent de terre avant d'y mettre le feu. Les rondins empilés à la verticale les uns au-dessus des autres cuisent lentement, à l'étouffée. Privé d'oxygène, le bois ne brûle pas, il se déshydrate et se carbonise. L'opération dure entre sept et trente jours. C'est une science. Le charbonnier écoute son feu, il se fie au bruit des rondins qui se fendent. Surtout, il observe la fumée qui s'en dégage. La couleur le renseigne sur le stade auquel en est la cuisson. Quand elle devient très claire, le charbon est prêt. Jusqu'au milieu du XIXe siècle, des dizaines de colonnes de fumée s'élèvent au-dessus des forêts autour de Grossouvre.

La matière première et le combustible sont ensuite transportés jusqu'aux forges. Les convois qui traversent les villages n'inspirent pas confiance. Hormis les ouvriers, personne ne sait ce qui se trame dans la cuve du haut-fourneau. Avec son gueulard, sa poitrine et son ventre, les forgerons en parlent comme s'il s'agissait d'une créature. La population a vite fait de se forger une opinion. Elle s'inquiète de ces hommes qui manipulent la terre, l'eau et le vent, qui jouent avec le feu pour faire jaillir le métal en fusion.

Les forgerons aussi sont superstitieux. Quand un haut-fourneau est mis en route pour la première fois, le prêtre est là pour donner sa bénédiction. Il convoque saint Étienne, le patron des forgerons, pour conjurer le sort. Une image du saint est enflammée et jetée sur les fagots pour mettre le feu à la première « fondée ».

Le métal en fusion

Puis, l'activité reprend son cours. À chaque coulée les mêmes étapes sont reproduites. Les ouvriers chargent le haut-fourneau par le gueulard, en alternant des couches de minerai et de charbon. Le combustible doit être de bonne qualité. Il doit fournir de la chaleur mais aussi résister au poids de la matière première pour entretenir sa combustion. Entre ces couches on a aussi étalé de la castine, une roche calcaire qui facilite l'élimination de la gangue d'argile et de la silice qui enveloppe encore le minerai.

Les ouvriers mettent le feu, puis patientent en surveillant l'allure et la marche du haut-fourneau. La flamme qui sort de l'appareil est visible à plusieurs lieues à la ronde. Les fondeurs, qui, depuis leur coursive, contrôlent la descente de la charge, doivent rester en permanence sur leurs gardes. Le gueulard est imprévisible et son rugissement peut être fatal. Les gaz ne pardonnent pas non plus. On s'en méfie comme de la peste. Sous l'effet de la chaleur, l'oxygène contenu dans l'air se combine avec le carbone du combustible, produisant du monoxyde de carbone. Ce gaz n'a pas d'odeur. Il remonte sans prévenir. Il entre dans les poumons, la tête se met à tourner, on perd connaissance et c'est la chute dans le brasier.

Une fondée dure entre dix et quinze heures. Le fondeur se fie à la couleur de la flamme et à l'odeur des gaz et du métal en fusion, un savoir-faire empirique car, jusqu'au XIXe siècle, les forgerons ignoraient les réactions qui se déroulaient dans le ventre du haut-fourneau.

Aujourd'hui, ce n'est plus un mystère. Aux alentours de 700 °C, les atomes changent de partenaires. Le carbone du charbon se combine à l'oxygène de l'oxyde de fer, engendrant du monoxyde de carbone et du dioxyde de carbone. Ce dernier remonte à la surface et s'évanouit dans l'atmosphère, cette fois sans asphyxier personne, sauf la Terre. Mais cela, les forgerons du XIXe siècle l'ignoraient aussi. Le fer se retrouve seul. Sous l'effet de la chaleur, il devient visqueux et s'écoule vers le bas. Plus il descend, plus la température augmente. À 800 °C, une nouvelle réaction se produit. Le carbone devient soluble dans le fer.

Le métal continue sa descente, la température augmente encore. Elle peut atteindre 1 600 °C au niveau des tuyères qui insufflent l'air dans le haut-fourneau. Le fer s'enrichit de plus en plus en carbone. L'alliage peut en contenir plus de 6 %. À ce stade ce n'est plus du fer mais de la fonte. À 1 100 °C, elle entre en fusion. Elle tombe alors comme des gouttes de pluie. La chute est si rapide que, en passant au niveau des tuyères, l'oxygène contenu dans l'air insufflé n'a pas le temps de reprendre le carbone combiné à l'alliage. La fonte liquide atterrit enfin dans le creuset, immédiatement protégée par le « laitier », un mélange de silice et d'argile en fusion qui se trouvait à l'origine dans le minerai. Il flotte au-dessus de la fonte et la protège de la décarburation.

Avec la fonte, on fabrique des grilles, des plaques de cheminée, des marmites, des ancres, des caractères d'imprimerie ou des boulets de canon, mais le métal a plusieurs inconvénients. On ne peut pas le forger ; une fois refroidi, il est dur et cassant, aucune souplesse, aucune élasticité. Il contient trop de carbone. Il faut en retirer. On dit qu'on l'affine.

L'opération est délicate. Elle consiste à transporter les gueuses de fonte sur un autre foyer. Sous l'action de la chaleur et du vent produit par les soufflets, l'oxygène contenu dans l'air se combine avec le carbone excédentaire et part en fumée. La fonte se transforme lentement en acier. Mais s'il faut retirer du carbone, les forgerons ne doivent pas avoir la main trop lourde. Sans carbone, le fer ne présente aucun intérêt. Aujourd'hui encore, il est rarement utilisé à l'état pur. Il est trop ductile. N'oublions pas que le succès de la fonte repose sur sa résistance et celui de ses dérivés sur leur capacité à être forgés. L'art de l'affinage consiste donc à doser le carbone et produire différentes nuances de fonte.

À l'époque, il est impossible de déterminer la teneur en carbone du métal. Tout repose sur l'expérience et le savoir-faire du forgeron. La couleur de la flamme, l'odeur du métal chauffé à blanc et le bruit du marteau qui s'abat sur la matière guident ses gestes. Aujourd'hui les normes sont précises. La fonte est un alliage contenant principalement du fer et une quantité de carbone variant entre 2 %, et 6,67 %. En dessous de 2 % et jusqu'à 0,02 % de carbone, l'alliage est un acier.

À l'aube de la révolution industrielle, le métal affiné est vendu à des artisans qui le transforment en serrures, en charnières, en lames de scie, de rasoir ou de couteau, en clous ou en épingles, en pièces d'horlogerie ou d'armement. À cette époque, les forges de Grossouvre fournissent chaque année 6 000 à 7 000 livres de fer aciéré et débité en barres à la Marine. La demande ne cesse d'augmenter.

Pourtant, au début du XIXe siècle, les forges sont à la peine. C'est la nature qui a du mal à suivre. L'activité est tributaire du débit des cours d'eau. L'été, il est souvent trop faible. Les roues cessent de tourner. L'hiver, elles sont noyées. Les soufflets s'affaissent et ne se regonflent plus avant plusieurs semaines. En l'absence d'eau et de courant, il n'y a pas d'énergie, pas de vent, donc pas de coulée. La production de fonte et l'affinage consomment également énormément de bois. Cette industrie dévore la forêt. Pour obtenir une tonne de fonte il faut presque le double de charbon. Et pour forger une tonne de fer, il faut encore cinq tonnes de combustible. Une forge de taille moyenne comme celle de Grossouvre engloutissait chaque année 200 hectares de forêt, soit approximativement l'équivalent de 200 terrains de football.

Espionnage industriel

En 1815, le directeur des forges de Grossouvre s'appelle Georges Dufaud. L'histoire générale n'a pas retenu son nom, mais, dans celle des techniques, il s'est forgé une belle réputation d'innovateur et de capitaine d'industrie. Le jeune homme a fait partie de la première promotion de l'École polytechnique créée à Paris en 1794. Georges Dufaud est le fils d'un maître de forges. Des voyageurs lui ont appris que les Anglais avaient été obligés de développer de nouvelles méthodes de fonte pour épargner leur forêt. Depuis un siècle et demi, ils utilisent un charbon de terre très riche en carbone, de la houille, qui, une fois chauffée et déshydratée, prend le nom de « coke ». Ils ont également mis au point des fours pour l'affinage et ils utilisent des machines à vapeur qui fournissent autant d'énergie que les rivières. En France, quelques tentatives de fonte au coke ont lieu, mais la Révolution puis le blocus ont empêché le transfert des technologies.

En 1817, la paix est revenue entre la France et l'Angleterre. Georges Dufaud est impatient de voir ce qui se trame de l'autre côté de la Manche. Il embarque à la fin de l'hiver, sur un navire baptisé *L'Iris*. La traversée est catastrophique. Le clocher de Calais n'a pas encore disparu sur l'horizon que la tempête se lève. Des vagues hautes comme le bâtiment secouent le bateau dans tous les sens. L'une d'elles, plus violente, s'abat de toutes ses forces sur le pont. L'eau s'engouffre dans la cale où se sont réfugiés les passagers. Georges Dufaud et d'autres sont précipités au sol. Le forgeron craint que le bateau ne coule comme une enclume. *L'Iris* tient bon et reste à flot. En fin de journée, Douvres surgit enfin au milieu des trombes.

Quelques jours plus tard, Dufaud est reçu à Londres par William Crawshay I, le maître de forges le plus connu d'Angleterre. Il est si puissant qu'il bat sa propre monnaie, si influent que ses compatriotes l'ont surnommé « le roi sans couronne ». Officiellement, Georges Dufaud est venu acheter du fer, mais il espère rapporter bien plus que de la marchandise. Son œil brille quand son hôte l'invite à découvrir ses installations. Ils se rendent d'abord en Galles du Sud, Dufaud découvre une autre planète, un paysage d'usines hérissé de cheminées fumantes.

À l'époque, Glamorgam est la plus grande aciérie du monde. Le plus jeune des frères Crawshay accompagne Dufaud et lui sert de guide. Il lui fait visiter les ateliers. Le Français constate la bonne qualité de la fonte au coke et des fers obtenus après affinage. Pour réaliser cette opération, les Gallois n'ont pas recours à une forge traditionnelle. Ils utilisent un « four à réverbère ». La fonte n'est plus posée sur le charbon. Le combustible et la matière première ne sont plus en contact. La voûte réverbère la chaleur, et tandis qu'on insuffle de l'air à l'intérieur du four, la fonte se déleste du carbone qu'elle contient. Dufaud observe attentivement les gestes du « *puddler* ». À intervalles réguliers, l'ouvrier ouvre une trappe qui donne un accès visuel au métal en fusion. Puis, il plonge l'extrémité de son « ringard », une tige de métal avec laquelle il brasse la matière incandescente. L'opération ne dure que deux heures, alors qu'il faut quatre fois plus de temps dans les forges de Grossouvre. Et quand elles sortent du four, plus la peine de marteler les gueuses pour en extraire les scories. Les rendements sont démultipliés.

Un peu plus loin, un ouvrier forge sous ses yeux un fer à cheval, une pelle et une bêche. Le jeune ingénieur est émerveillé par la résistance du matériau et la qualité des outils élaborés. Il mémorise tout. Le soir, quand il se retrouve enfin seul dans sa chambre, Dufaud consigne ce qu'il a observé dans un grand cahier. Le voyage dure six semaines. Après la Galles du Sud, son hôte l'invite à découvrir les infrastructures familiales du nord de l'Angleterre.

Georges Dufaud a découvert la machine à vapeur quelques années plus tôt au Creusot comme on découvre une invention dans un cabinet de curiosités. Il en a deviné le potentiel, mais, dans le nord de l'Angleterre, la réalité dépasse tout ce qu'il a pu imaginer. La vapeur est partout. Elle remplace la force hydraulique. Les forges anglaises n'ont plus à subir les humeurs des cours d'eau. Dans les ateliers, elle fait gonfler les soufflets et tourner les laminoirs. Cette machine, qui n'a pas réussi à convaincre les forgerons français, est ici montée en série.

Il n'est pas au bout de ses surprises. Il découvre que cette vapeur est utilisée pour mettre en mouvement des machines mobiles. Elles ont pris la place des chevaux, et tirent derrière elles des chariots guidés par des rails, qui relient les mines de fer ou de houille aux forges. À Londres, une nouvelle attraction a séduit le public. Pour un shilling, les habitants de la capitale prennent place à bord d'une voiture remorquée par la «*Catch me who can*» (M'attrape qui peut), tandis que sont organisés devant des gradins bondés des concours de locomotives.

Georges Dufaud rentre en France la tête pleine de projets. Dans le Berry, il retrouve une situation guère reluisante. Les fêtes de Pâques ne sont pas terminées que les forges de Trézy, situées à deux pas de Grossouvre, viennent d'être arrêtées en raison de la sécheresse. Il reprend ses notes et se met aussitôt au travail. Il faut battre le fer quand il est chaud.

À Grossouvre, il fait installer un four d'affinage à réverbère fonctionnant au coke. Le charbon de terre apporte une «bouffée d'oxygène» à la forêt, il a aussi un meilleur rendement. Le charbon de bois contient en moyenne 70 % de carbone, le coke 90 %. À Trézy, il remplace les marteaux par des laminoirs. Ce sont les premières machines de ce type sur le sol français. Il a certainement un pincement au cœur lorsqu'il les voit installées. Son père, quelques dizaines d'années plus tôt, avait imaginé un dispositif s'en approchant. Le projet n'avait pas suscité l'enthousiasme. Probablement parce que le temps n'était pas venu. À la fin de l'été 1817, les machines tournent et les premières barres de fer laminé en sortent. Il y en a douze. Elles sont baptisées les douze « apôtres ».

Georges Dufaud est un homme humble. Il ne se prend pas pour le Messie et ne s'attend pas au miracle, mais il espère que ces barres vont l'aider à prêcher la bonne parole. Il va falloir du temps. En 1825, sur les 110 000 tonnes de fer produites par le pays, un tiers seulement sont affinées au coke. Il faut attendre 1865 pour que la tendance s'inverse. La demande en métal avec l'expansion du chemin de fer va avoir raison de la fonte au bois dont les rendements sont trop faibles pour survivre au progrès.

Grossouvre a continué de produire de la fonte et des fers forgés. Georges Dufaud s'est éteint en 1852, le haut-fourneau de Grossouvre en 1879. Petit à petit les cheminées ont disparu des paysages du Berry et du Nivernais, les dernières fumées emportant avec elles la mémoire d'un savoir-faire. Seule demeure la halle qui se dresse aujourd'hui sur les rives paisibles de l'Aubois, solide vestige de cette épopée de feu et de fer. Aujourd'hui nous savons le lien entre les émissions de carbone et l'augmentation de l'effet de serre, les conséquences sur le climat et l'environnement, si bien que nous avons du mal à éprouver de la reconnaissance pour la houille et le coke. En d'autres temps, ces combustibles fossiles ont pourtant sauvé la forêt anglaise et aussi la nôtre. Aujourd'hui, j'ai la faiblesse de croire que, comme par le passé, le besoin impérieux de protéger l'environnement stimulera le génie humain.

Un rêve d'astronome

Comment le pic du Midi
nous a rapprochés des étoiles ?

Si les montagnes pouvaient parler, les sommets pyrénéens se plaindraient sûrement de l'arrogance du pic du Midi. C'est vrai qu'il sort du rang, qu'il se dresse devant les autres comme un prince devant sa suite. (Ceci correspond à la réalité géographique !)

Avec ses airs de grandeur, le pic du Midi de Bigorre a attiré sur lui tous les regards et suscité toutes les convoitises : celles des grimpeurs qui voulaient décrocher la lune et celles des hommes de science qui voulaient s'approcher des étoiles. Les premiers y sont montés puis sont allés voir ailleurs. Les seconds s'y sont installés et y sont toujours. Depuis presque cent quarante ans, ils observent la voûte céleste : Mars, la Lune, la comète de

Halley, le Soleil et, aujourd'hui, le champ magnétique des étoiles. Longtemps réservé aux astronomes, l'observatoire est maintenant ouvert au public. Il est surnommé « le vaisseau des étoiles ».

L'avion devait se poser à Lourdes, finalement il est détourné vers Pau. Il fait un temps de chien. En sortant de l'aéroport, il fait presque nuit et il ne cesse de pleuvoir. Une pluie fine accompagnée de bourrasques. Dommage, je ne verrai pas la campagne. L'horizon est tellement bouché qu'on ne distingue même pas la chaîne des Pyrénées. Heureusement je connais bien la région. Enfant j'y ai passé de nombreuses vacances d'été.

J'ai rendez-vous avec mon guide à Bagnères-de-Bigorre au pied du pic du Midi. Jean-Christophe Sanchez est historien et enseignant à l'université de Toulouse. C'est un enfant du pays. Passionné et passionnant, il met des étoiles dans tout ce qu'il raconte dès qu'il s'agit du pic du Midi. Comme tous les guides, il est optimiste. « Demain il fera beau », assure-t-il.

Au petit matin la pluie a cessé. Le ciel est beaucoup moins bas que la veille, mais le pic est toujours noyé dans les nuages. Au fond du vallon, nous trouvons enfin le sentier, à moitié couvert de neige. L'hiver, le soleil ne descend pas jusqu'ici. C'est le sentier des muletiers, l'unique voie d'accès au sommet jusqu'au début des années 1950.

Occupé à regarder où je posais les pieds, j'en ai oublié le pic. Quand je lève enfin les yeux, j'ai le souffle coupé. Là-haut le vent a chassé les nuages. Le pic du Midi baigne dans un ciel d'un bleu profond, sans nuance. Il est un peu plus de 11 heures. Le contraste avec la vallée plongée dans l'ombre est si fort qu'un gigantesque spot semble braqué sur le pic. Au sommet, les installations brillent, éclipsant tout ce qu'il y a autour. Dans mes souvenirs, l'observatoire avait un peu défiguré le paysage. J'ai à présent la sensation qu'il le prolonge et que l'homme, au prix d'efforts surhumains, a trouvé un accord avec la montagne.

Le bout du monde

Jusqu'au milieu du XXe siècle, les porteurs mettaient environ sept heures pour atteindre l'observatoire. 1 700 mètres de dénivelé, chargés comme des mules, au sens propre du terme, car le sentier était trop étroit pour y faire passer un attelage, et, l'hiver, les animaux refusaient d'avancer sur la neige. Le ravitaillement ne pouvait être effectué qu'à dos d'homme. La charge atteignait très souvent 60 kilogrammes. Dans les années 1930, un scientifique de l'observatoire, à qui un journaliste demandait où se trouvait son lieu de travail, avait répondu très justement que son bureau était « à sept ou huit heures de marche de la France » !

Impossible de suivre l'exemple de nos glorieux prédécesseurs. Déjà le ciel se charge. À La Mongie, nous embarquons dans la benne du téléphérique qui grimpe à l'observatoire. Un bond au-dessus du vide de presque 4 500 mètres, avec un dénivelé de plus de 1 100 mètres. Il ne faut pas avoir peur du vide. La « traversée » ne dure que 15 minutes, mais, à l'arrivée, j'ai l'impression de débarquer sur une autre planète. La neige, les coupoles, le relief en contrebas écrasé par l'altitude nous font perdre nos repères. L'entrée en gare ajoute à l'illusion. C'est une sorte d'immense bouche en béton, à moitié suspendue dans le vide.

Quand les portes s'ouvrent, un air glacial nous saisit, enfonçant sa lame jusqu'au creux de nos poumons.

Absorbés par la beauté du paysage, nous avions totalement oublié que la température diminue avec l'altitude. À raison de 0,6 °C tous les 100 mètres, nous avons quasiment perdu 15 °C depuis Bagnères-de-Bigorre. Au pic du Midi, le thermomètre affiche -10 °C. Les fermetures des blousons sont remontées jusqu'au menton et les bonnets enfoncés jusqu'aux oreilles. Le matériel, l'eau et la nourriture sont déchargés. Il y en a pour un régiment ! Nous ne consommerons jamais tout cela durant notre séjour, mais tel est le règlement : par mauvais temps l'observatoire peut être coupé du monde plusieurs jours de suite. Le téléphérique ne monte plus, les hélicoptères ne volent pas et le risque d'avalanche est trop élevé pour tenter de redescendre à pied ou à ski. Jean-Christophe Sanchez est resté bloqué quinze jours d'affilée il y a quelques années. En 1891, peu de temps après l'ouverture de l'observatoire, les scientifiques qui travaillaient là-haut n'avaient pas été ravitaillés pendant cinquante-deux jours.

Les caisses de matériel et de vivres passent de mains en mains. Elles circulent vite. Un bon moyen pour se réchauffer sur la plateforme ouverte à tous les vents. Encore un mauvais calcul. À presque 3 000 mètres, il faut s'économiser. À cette altitude, la densité de l'air a diminué de 30 %. Concrètement, chaque fois que nous respirons, nous emmagasinons 30 % d'oxygène en moins qu'au niveau de la mer. À ce tarif-là, on s'essouffle vite. Les derniers visiteurs ont pris notre place dans le téléphérique, les portes se referment, et la benne plonge dans le vide.

En quelques minutes, les conditions météorologiques se dégradent. Le vent s'est levé et a poussé sur le pic l'énorme nuage qui menaçait depuis le début de l'après-midi. Nous sommes noyés dans le brouillard. Le vent souffle si fort que je distingue très nettement le déplacement de la masse nuageuse. Elle semble partir en lambeaux. Une chance finalement, j'avais décidé de mesurer sa vitesse.

La porte qui ouvre sur l'extérieur est protégée par un sas. Une fois à l'intérieur, je dois m'aider des deux bras pour accéder à la terrasse. Le brouillard est si épais que je ne vois même pas où je mets les pieds. J'avance à petits pas. Pour tenir l'anémomètre, j'ai dû retirer mes gants. L'hélice tourne à une vitesse folle. Le vent fait des pointes à plus de 100 km/h, rendant le froid encore plus pénétrant. J'ai les doigts gelés : au contact de ma peau, la vapeur d'eau contenue dans le nuage gèle instantanément. Une croûte de glace est en train de se former sur le dos de mes doigts. Cette réaction se produit quand l'eau est extrêmement pure. C'est le cas dans un nuage. Elle peut alors rester liquide bien que la température soit négative. On dit qu'elle est en surfusion. Ce n'est qu'en entrant en contact avec une surface, ma peau ou la coque de l'anémomètre, qu'elle passe de l'état liquide à l'état solide, à cause de l'onde de choc, ou d'une impureté. Je ne sens plus le bout de mes doigts, et l'écran de l'anémomètre est devenu illisible, mieux vaut rentrer.

Le paradis des astronomes

Pourquoi les astronomes ont-ils choisi de monter leurs instruments jusqu'ici ? Après tout, lunettes et télescopes permettent depuis très longtemps d'aller chercher la lumière aux confins de l'Univers. D'abord, c'est le progrès qui les a fait déménager. Au milieu du XIXe siècle, les observatoires sont installés au cœur des villes. Celui de Paris se trouve dans le Ve arrondissement. L'éclairage public est alors étendu à l'ensemble de la capitale. S'il apporte confort et sécurité aux citadins, c'est en revanche un cauchemar pour les astronomes. La pollution lumineuse rend leurs instruments aveugles. Elle masque la lumière émise par les objets célestes. Un comble, alors que les instruments sont de plus en plus sensibles.

À cela s'ajoute l'industrie naissante qui essaime ses ateliers dans tous les quartiers de la capitale. Pour alimenter les fours et les chaudières qui font tourner les turbines et produisent de l'électricité, on utilise le charbon. Les cheminées crachent une fumée épaisse. Le ciel se charge de poussières et la nébulosité accentue encore les difficultés d'observation.

Un dernier élément a contribué à pousser les astronomes hors des villes. Souvent construits à l'écart, les observatoires se retrouvent après quelques années noyés dans la ville. Dans les rues, les calèches sont de plus en plus nombreuses. Le choc des roues sur les pavés génère des ondes qui se propagent dans les murs, atteignent les planchers et font vibrer les lentilles des instruments. Un astronome ne peut tolérer ce genre de «trouble».

C'est dans ce contexte que, en 1876, est inauguré l'observatoire de Meudon et que germe l'idée d'en construire un autre au sommet du pic du Midi de Bigorre dans les Pyrénées. En plus d'être à l'écart, donc protégé de la pollution lumineuse, ce site présente l'avantage d'être perché à près de 3 000 mètres d'altitude. Et 3 000 mètres d'atmosphère en moins à traverser pour voir les étoiles, ça compte énormément. Car cette couche, qu'elle soit polluée ou non, perturbe l'observation. Pour bien faire, il faudrait sortir de l'atmosphère. Ce temps viendra. Le télescope spatial Hubble sera mis en orbite en 1990. En attendant, le pic du Midi semble requérir toutes les qualités pour accueillir un observatoire. Les Pyrénées plus que les Alpes, parce que l'industrie a déjà envahi les vallées alpines et les Pyrénées sont encore sauvages.

Un astronome parisien qui s'était rendu au pic du Midi en 1882 commentait à son retour: «Le ciel étoilé prend un éclat extraordinaire et permet souvent de lire pendant la nuit à la seule clarté des étoiles et de la Voie lactée.»

Le projet de l'observatoire a jailli dans la tête d'un général à la retraite, Charles de Nansouty, et d'une poignée de «pyrénéistes» de la société Ramond. Le militaire a aussi pu compter sur le soutien indéfectible d'un ingénieur, Célestin-Xavier Vaussenat. En 1875, les plans sont prêts, mais le projet est jugé déraisonnable.

À cette époque, on ne sait même pas si l'être humain est capable de résister aux conditions qui sévissent là-haut. Passé 1500 mètres d'altitude, la montagne reste une grande inconnue. Les habitants des vallées la croient peuplée d'esprits et de créatures maléfiques. Certes, des expéditions ont déjà eu lieu. Deux savants y ont passé une nuit en août 1787, un an tout juste après la conquête du Mont-Blanc par Balmat et Paccard. Mais de là à y vivre en permanence, personne n'y croit.

Les investisseurs hésitent. Nansouty et Vaussenat vont leur prouver que c'est possible. Ils passent l'hiver 1874 là-haut, au col du Sencours, retranchés dans un petit abri, autour d'un poêle à charbon, encerclés par des mètres de neige et de glace, montant au sommet du pic dès que les conditions le permettent. Quand les beaux jours reviennent, les deux hommes sont frais comme des gardons. Leur courage et leur opiniâtreté ont payé. En août 1878, les travaux de l'observatoire démarrent.

Sur une photo en noir et blanc prise à la fin de leur séjour, on voit Nansouty appuyé sur l'épaule de Vaussenat. Les deux hommes sont déjà assez avancés en âge. Sous son chapeau, le visage de l'ingénieur est fermé, mais ses yeux brillent. Le vieux général sourit généreusement. Il y a dans leur regard de la satisfaction, mais pas celle qui se lit habituellement sur le visage des vainqueurs. Ils sont émerveillés, comme si l'enfer annoncé s'était mué en paradis.

La couronne du Soleil et les rides de Mars

Quand j'ouvre les yeux, au matin du deuxième jour, l'horizon est totalement dégagé. Les sommets pyrénéens s'extirpent lentement de l'obscurité. Le Balaïtous, le pic d'Ardiden, le Vignemale, la brèche de Roland, le Marboré, le pic Long, le Néouvielle, le Campbieil et la Munia. Des souvenirs de randonnées alignés les uns à côté des autres qui dessinent un long ruban rose posé au-dessus des vallées encore plongées dans l'obscurité.

Durant la nuit, la terrasse s'est transformée en patinoire. Le sol est couvert de givre, non pas la fine pellicule qui, l'hiver ou les jours de grand froid, comble les déformations du sol et peut nous faire perdre l'équilibre, mais une couche de glace qui atteint par endroits plusieurs centimètres d'épaisseur. J'avance à petits pas, les bras légèrement écartés, comme un funambule sur son fil.

Sur les garde-corps qui délimitent la terrasse et protègent les visiteurs du vide, les effets de la perturbation nocturne sont encore plus spectaculaires. Les structures métalliques ont totalement disparu sous une gangue de glace. Le long des barres horizontales, des stalactites ont poussé. Elles mesurent une bonne vingtaine de centimètres. Elles ont fleuri par centaines, à la queue leu

leu, acérées comme des dents de requin et légèrement inclinées. Le vent y a même imprimé sa direction.

Une fois la terrasse franchie, un escalier permet de grimper sur le toit du bâtiment principal et d'accéder aux coupoles. Je ne suis plus qu'à quelques mètres de mon objectif. Là aussi le givre a retouché le décor. En une nuit, au pied de chaque marche, il a sculpté des formes dignes d'un monument antique, de gigantesques feuilles d'acanthe translucides, aussi grandes et plus épaisses. Elles sont positionnées en épi les unes derrière les autres et forment un parterre de glace.

Il faut venir dans les Pyrénées pour observer un tel spectacle. Il se produit lorsque le taux d'humidité de l'air est très élevé. Dans les Alpes, l'air est en général trop sec, la formation du givre prend rarement de telles proportions. Dans les Pyrénées, les masses d'air qui arrivent de l'ouest se sont chargées d'humidité au-dessus de l'Atlantique. Au pic du Midi, elles rencontrent un obstacle et se délestent d'une partie de la vapeur d'eau qu'elles contiennent en la restituant, quand la température est négative, sous forme solide.

Je franchis les dernières marches de l'escalier. Les coupoles surgissent les unes après les autres, j'en compte dix autour de moi. Elles sont installées sur un axe nord-sud. Posées sur la neige qui masque les bâtiments et recouvertes elles aussi d'une épaisse couche de givre, elles ressemblent à des igloos. La plus ancienne se trouve à ma droite. La coupole Baillaud doit son nom à un ancien directeur de l'observatoire de Toulouse. Elle date du début du XXe siècle. Auparavant, les observations se faisaient depuis une terrasse située en contrebas. Les instruments étaient alors montés à la tombée de la nuit et démontés au petit matin. De loin, la structure fait toujours bonne impression, mais quand on a le nez dessus on remarque instantanément qu'il s'agit d'une vieille dame. La tôle a pris quelques coups et les rivets, à force d'être peints, se noient un peu dans la masse. Toutes les pièces qui la composent ont été portées jusqu'ici à dos d'homme. On a envie de poser la main sur cette carapace, comme on le ferait sur la carlingue d'un vieux « zinc », ou l'échine d'un vieux cheval. Un geste affectueux en guise de remerciement pour un siècle de bons et loyaux services.

Cette coupole fait partie de notre patrimoine. Elle a marqué l'histoire de l'astronomie et a fait évoluer notre connaissance du Système solaire. Elle est équipée d'une lunette et d'un télescope d'envergure qui, dès l'origine, sont braqués sur les planètes. Saturne est photographiée. Les clichés obtenus sont d'une très grande qualité. Ils montrent les anneaux comme personne ne les avait encore jamais vus. En ce début de XXe siècle, la Lune est aussi dans le viseur des astronomes. Ils y cherchent une atmosphère, que, évidemment, ils ne trouveront pas.

C'est en observant la planète Mars que l'observatoire du pic du Midi va acquérir une renommée internationale. Pour comprendre, il faut se remettre dans le contexte de l'époque. En 1898, Herbert George Wells, plus connu sous la signature H. G. Wells, publie *La Guerre des mondes*. Dans ce roman de science-fiction, l'auteur suggère que d'autres planètes pourraient être habitées et que des créatures venues d'un autre monde pourraient envahir la Terre. Certains astronomes adhèrent à l'idée et se mettent à fouiller le ciel à la recherche de preuves. En observant Mars, l'Italien Giovanni Schiaparelli pense avoir identifié des canaux. L'Américain Lowell en conclut que, puisqu'il s'agit de canaux et non de rivières, ils ne peuvent être qu'artificiels, donc construits par des créatures extraterrestres. La démonstration est implacable et certains songent déjà à envoyer des signaux vers la planète rouge.

Durant plusieurs nuits, la planète Mars est photographiée sous toutes ses coutures depuis le pic du Midi. Quatre-vingts clichés sont réalisés par les meilleurs astronomes de l'époque. Ils sont analysés avec la plus grande attention. Le monde entier attend le verdict. Les astronomes décrivent ce qu'ils voient. Les photographies révèlent la présence incontestable de plusieurs lits d'anciens fleuves, mais pas de traces de canaux, rien qui prouve la présence d'une civilisation extraterrestre sur Mars.

En 1930, l'observatoire du pic du Midi produit des images qui vont à nouveau faire le tour du monde. Elles montrent la couronne du Soleil. Ce n'est pas la première fois qu'elle est photographiée. Mais jusqu'à cette date il fallait attendre une éclipse totale pour le faire. Un événement rare, qui limitait les prises de vues et l'observation de notre étoile. Le dispositif a été mis au point par un astronome français, Bernard Lyot. Le principe consiste à simuler une éclipse en plaçant un disque opaque sur la lentille qui masque celui du soleil. Les images réalisées à partir du « coronographe » – le nom donné à cet instrument – révèlent un visage du Soleil encore inconnu du grand public. Il découvre des jets de matière en fusion qui s'échappent de la surface en dessinant de gigantesques paraboles. Lors des éruptions les plus violentes, ces protubérances peuvent atteindre plusieurs centaines de milliers de kilomètres.

La coupole Baillaud va fonctionner jusqu'en 1997. Aujourd'hui elle accueille le plus haut planétarium d'Europe. L'observation du Soleil et de la voûte céleste se poursuit ailleurs.

Aujourd'hui un coronographe est installé sous une nouvelle coupole située en contrebas. Chaque jour, quand le ciel est dégagé, les astronomes amateurs encadrés par la direction de l'observatoire s'y relaient pour photographier notre étoile.

Sur les écrans de la salle de contrôle, les images défilent. Elles n'apparaissent pas instantanément, quelques minutes de traitement sont nécessaires. Le résultat est fascinant et déconcertant. J'ai devant les yeux la photographie d'une scène qui s'est déroulée quelques minutes plus tôt à 150 millions de kilomètres, à une température de plusieurs milliers de degrés. Jamais notre étoile ne m'a semblé aussi proche.

De petits bourrelets déforment le contour du disque. Ils disparaissent d'un cliché à l'autre, témoins de l'activité permanente qui règne à la surface du Soleil. Selon l'opérateur qui est aux commandes, ces déformations qui apparaissent à l'écran ne dépassent pas 40 000 kilomètres… la circonférence de la Terre. Rien à voir pourtant avec les gigantesques protubérances qui jaillissent lors des éruptions les plus violentes.

Ces images sont belles, elles font rêver, mais elles sont en priorité destinées à éclairer les zones d'ombre qui entourent encore le Soleil. Chaque jour elles sont envoyées dans une base de données et mises à la disposition des scientifiques du monde entier. Ils étudient notamment les variations de température. Ils savent qu'au cœur du Soleil elle atteint 15 000 000 °C, qu'elle diminue en remontant vers la surface pour se stabiliser aux alentours de 6 000 °C, mais personne n'a encore compris pourquoi dans son atmosphère toute proche elle fait un bond de près de deux millions de degrés.

Après la Seconde Guerre mondiale, les coupoles ont poussé comme des champignons sur le pic du Midi. On s'intéresse également aux champs magnétiques produits par les étoiles. Au milieu des années 1960, le site participe aussi à la plus grande aventure spatiale de tous les temps : le programme Apollo. La Nasa se prépare à envoyer des hommes sur la Lune. Elle doit trouver le site où ils vont pouvoir se poser. L'observatoire du pic du Midi a acquis une solide réputation. La qualité des clichés qu'il fournit n'est plus à démontrer. L'agence américaine lui confie donc une partie du repérage. Les photographies du sol lunaire vont faciliter le travail des vols de reconnaissance.

Comment fonctionnent les télescopes ?

Quand on passe plusieurs jours à l'observatoire du pic du Midi, on finit par s'habituer au décor. La coupole devient la norme architecturale. Il y en a une cependant qui retient davantage l'attention. Posée sur une immense colonne de béton, elle est plus haute et plus large que les autres. Sa forme s'apparente davantage à celle d'une balle de golf géante posée sur son tee. Le télescope Bernard-Lyot, en hommage à l'inventeur du coronographe, est le dernier-né sur le pic du Midi. Les travaux ont commencé en 1972, quasiment un siècle après les premiers coups de pioche et la pose de la première pierre de l'observatoire. Il a été mis en service huit ans plus tard. Il s'agit du plus grand télescope en activité sur le sol français.

À la différence d'une lunette composée de lentilles, le télescope fonctionne grâce à un jeu de miroirs. L'instrument a été mis au point par Isaac Newton en 1671. La lumière est captée par le plus grand des miroirs. Celui du télescope Bernard-Lyot (le TBL dans le jargon des astronomes) fait deux mètres de diamètre. À titre de comparaison, la plus grande lentille de la lunette de Galilée ne faisait que cinq centimètres de diamètre et la plus puissante, construite à la fin du XIXe siècle, mesurait 1,02 mètre. Les opticiens ne sont jamais allés au-delà car les lentilles de ce gabarit avaient hélas tendance à se déformer sous leur propre poids. Ce qui n'est pas le cas des miroirs qui peuvent aisément atteindre cette taille.

Grâce à sa forme concave, le grand miroir concentre et réfléchit la lumière en direction d'un second miroir, plus petit et placé à la verticale du premier. Sur le TBL, le faisceau repart ensuite en sens inverse. Il traverse le miroir primaire en son centre et arrive sur les instruments de mesure qui se trouvent à l'arrière. Sur certains télescopes, le miroir secondaire réfléchit le faisceau vers un troisième miroir dont l'inclinaison permet de dévier la lumière sur le côté où se trouvent les instruments de mesure.

L'accès au TBL se fait par un long couloir zigzaguant sous l'observatoire. Il est en partie aveugle. Deux personnes peuvent à peine s'y croiser. Il faut franchir plusieurs portes protégées par des codes secrets, puis prendre un ascenseur et enfin gravir une dizaine de marches. Seuls les professionnels et les personnes autorisées peuvent arriver jusqu'ici. Le mécanisme est impressionnant : un immense Meccano de soixante tonnes, articulé autour de trois axes pour compenser la rotation de la Terre et suivre les étoiles. On ne peut s'en approcher que durant ses phases de repos, c'est-à-dire quand il fait jour. Le moindre pas peut provoquer des vibrations qui altèrent les mesures. À l'origine, il était dédié à l'observation des galaxies. Depuis 2006, il est utilisé pour étudier le champ magnétique des étoiles. Les astronomes se posent beaucoup de questions sur l'influence qu'il peut exercer sur les autres étoiles : sur leur formation, sur les différentes phases de leur vie et leur disparition. De retour sur la terrasse, j'observe le Soleil plonger sur les sommets enneigés. La coupole du coronographe a fermé sa « paupière ». Les vallées s'endorment dans la nuit. Le spectacle se tient maintenant de l'autre côté en direction du nord-est. Les piémonts sont encore baignés de lumière, du Pays basque au Comminges en passant par le Béarn, la Bigorre et les Baronnies. Le pic du Midi, qui, de ce côté, domine tous les reliefs, étend son ombre sur le paysage. On croirait celle d'une pyramide.

La lumière descend vite, lorsque, soudain, un arc de cercle monte sur l'horizon. C'est l'ombre de la Terre. Elle est dite « antécrépusculaire », celle qui vient juste avant la nuit. Jamais je n'ai assisté à un tel spectacle.

Déjà, les premiers éclats percent le ciel. Vénus, située entre la Terre et le Soleil, qui fait partie des planètes intérieures et qu'on appelle aussi l'étoile du Berger, Sirius l'étoile la plus brillante, Alpha du Centaure, Rigel... Elles « s'allument » les unes après les autres à mesure que l'azur s'assombrit, surgissant là où, quelques secondes plus tôt, il n'y avait rien. Bientôt, le jour a totalement disparu, la nuit s'est emparée du paysage. La voûte céleste « pétille » de mille feux.

Je reconnais facilement la Grande Ourse, grâce à sa forme de casserole ou de chariot. Pour trouver sa petite sœur, j'applique la méthode habituelle : je reporte cinq fois, en direction du nord, le bord extérieur de la casserole. J'atteins alors l'étoile polaire, située au sommet de la Petite Ourse. Cette méthode a été mise au point pour compenser sa faible luminosité. Ici, j'aurais pu m'en passer car le ciel est limpide. Au XIXe siècle, un astronome parisien confiait à ses confrères qu'il faisait en une nuit au pic du Midi autant d'observations qu'en un mois à Meudon.

Pour maintenir cette qualité de l'atmosphère, deux cent cinquante communes des vallées se sont engagées à réduire leur éclairage et à faire de la voûte céleste au-dessus du pic du Midi une « réserve de ciel étoilé ». En tournant dans le sens inverse des aiguilles d'une montre je retrouve Cassiopée reconnaissable à sa forme de W, puis Andromède et la galaxie du même nom. C'est la première fois que je la distingue à l'œil nu. Les Pléiades, le chasseur Orion, son Chien et le Taureau me racontent leurs histoires.

Il paraît qu'en remontant de sa cave, après avoir goûté du champagne, la boisson qu'il venait d'inventer, dom Pérignon s'est écrié : « Mes frères, je bois des étoiles. » Au pic du Midi on peut les voir sans modération, dans un ciel aussi pur que du cristal.

Bibliographie

Claude Allègre, *Dictionnaire amoureux de la Science*, 2005, Plon/Fayard

Lucile Allorge et Olivier Ikor, *La Fabuleuse Odyssée des plantes*, 2003, Lattès

Katia Astafieff, *L'Aventure extraordinaire des plantes voyageuses*, 2018, Dunod

István Berkes, *La physique de tous les jours*, 2006, Vuibert

Vincent Bichet et Michel Campy, *Montagnes du Jura. Géologie et paysages*, 2008, Néo Éditions

Michèle Bilimoff, *Histoire des plantes qui ont changé le monde*, 2011, Albin Michel

Raoul Lucas, *La Réunion, île de Vanille*, 1990, Océan Éditions

Gérard Dalstein, *Les Chantiers du fer*, 1994, Éditions Serpenoise

Maurice Daumas, *Histoire générale des techniques*, 1996, Puf

Philippe de la Cotardière (dir.), *Histoire des sciences. De l'Antiquité à nos jours*, 2012, Tallandier

Patrick de Wever et Jean-Marie Rouchy, *Le Sel, saveur de la Terre*, 2016, edp sciences

Alain Giraud-Ruby, *Terre. Une histoire des sciences de la planète*, 2015, Actes Sud

Denis Guedj, *La Révolution des savants*, 1988, Gallimard

Annie Laurant, *Des fers de Loire à l'acier Martin. Maîtres de forges en Berry et Nirvernais*, 1995, Royer

Omar Mahdi et Alain Félix, *Le Pic du midi de Bigorre. Observatoire de l'infini*, 2006, Privat

François Michel, *Le Tour de France d'un géologue*, 2008, BRGM éditions

Joël Michel, *La Mine dévoreuse d'hommes*, 1993, Gallimard

Jean-Marie Pelt, *Des légumes. Petite encyclopédie gourmande*, 2009, J'ai lu

Jean-Christophe Sanchez, *Le Pic du Midi de Bigorre et son observatoire*, 2014, Cairn

Éric Sartori, *Histoire des grands scientifiques français*, 2012, Tempus

A. Sircos et Th. Pallier, *Histoire des ballons et des ascensions célèbres*, 1876, F. Roy

Gaston Tissandier, *Histoire des ballons et des aéronautes célèbres*, 1887, H. Launette

Jean-Denis Vigne, *Les Débuts de l'élevage*, 2004, Le Pommier

Remerciements

Manuela Gourmaud, pour son trait de caractère qui a mis les mots en dessins, Jean Le Loeuff, directeur et conservateur du musée des Dinosaures d'Espéraza, Virginie Malolepszy et Stéphane Laridan du Centre historique minier de Lewarde, Frédéric Cretin du musée du Sel de Salins-les-Bains.

Jean-Christophe Sanchez, Vincent Honorat, Dominique Werner pour leur écoute, leur générosité, les précieuses informations qu'ils m'ont fournies et leur relecture attentive.

Sylvie Delassus, mon éditrice, pour la confiance qu'elle m'a accordée.

Table

Cet ouvrage a été composé
par Maury à Malesherbes
et achevé d'imprimer
par Normandie Roto Impression s.a.s., 61250 Lonrai
pour le compte des Éditions Stock
21, rue du Montparnasse, 75006 Paris
en mars 2019

PAPIER À BASE DE FIBRES CERTIFIÉES

Stock s'engage pour l'environnement en réduisant l'empreinte carbone de ses livres. Celle de cet exemplaire est de :
300 g éq. CO_2
Rendez-vous sur www.editions-stock-durable.fr

Imprimé en France

Dépôt légal : mars 2019
N° d'édition : 01 – N° d'impression : 1900601
55-07-8822/7